BEITRÄGE

AKADEMIE FÜR RAUMFORSCHUNG UND LANDESPLANUNG

Band 109

Vladimír Matoušek
Alois Slepička

Siedlungsstrukturelle Entwicklung
und Raumplanung
in der Tschechoslowakei

HANNOVER 1988

CIP-Kurztitelaufnahme der Deutschen Bibliothek

Matoušek, Vladimîr:
Siedlungsstrukturelle Entwicklung und Raumplanung
in der Tschechoslowakei / Vladimîr Matoušek;
Alois Slepička.
(Übers.: Jaroslac Kuthan. Erg. Überarb. von
Hans Kistenmacher u. Hans-Jörg Domhardt in
Zusammenwirken mit d. Autoren).-
Hannover: Akad. für Raumforschung u. Landes-
planung, 1988
  (Beiträge / Akademie für Raumforschung und
  Landesplanung; Bd. 109)
  ISBN 3-88838-202-5
NE: Slepička, Alois; Kistenmacher, Hans (Bearb.);
Akademie für Raumforschung und Landesplanung
(Hannover): Beiträge

Zu den Autoren dieses Bandes

Dipl.-Ing. Arch. Vladimîr Matoušek, CSc., Brünn
ehem. Leiter des Instituts für Aufbau und
Architektur (VUVA) in Brünn

Dipl.-Ing. Alois Slepička, DrSc., Prag
Leiter des Kabinetts für Theorie der Architektur
und der Siedlungsentwicklung der Tschechoslowakischen
Akademie der Wissenschaften

Übersetzung: Ing. Jaroslac Kuthan

Ergänzende Überarbeitung von
Prof. Dr. Hans Kistenmacher und
Dr.-Ing. Hans-Jörg Domhardt
in Zusammenwirken mit den Autoren

Best.-Nr.202
ISBN-3-88838-202-5
ISSN 0587-2642

Alle Rechte vorbehalten - Verlag der ARL - Hannover 1988
© Akademie für Raumforschung und Landesplanung Hannover
Druck: Karl Reimann, Hannover
Auslieferung
VSB-Verlagsservice Braunschweig

Vorwort

Durch die Zunahme der internationalen Verflechtungen wird es notwendig, auch auf dem Gebiet der Raumplanung eine verstärkte Zusammenarbeit zu suchen. Die ARL sieht es als eine ihrer Aufgaben an, einen intensiveren fachlichen Austausch auch mit den östlichen europäischen Nachbarländern anzustreben.

Dabei bieten sich sowohl auf dem weiten Feld der Raumforschung als auch der Planungspraxis, besonders im Bereich der Planungsmethodik, der Zielbestimmung, der Organisationsformen und konzeptioneller Grundsatzfragen, interessante Anknüpfungspunkte. Trotz unterschiedlicher Gesellschaftssysteme zeigen sich viele Übereinstimmungen in den konkreten planerischen Aufgabenstellungen. So stehen Fragen der methodischen Erfassung und Bewertung räumlicher Entwicklungspotentiale und -prozesse sowie die Erarbeitung planerischer Lösungen für Raumnutzungskonflikte auch in anderen Planungssystemen im Mittelpunkt der planungswissenschaftlichen und planungsrechtlichen Diskussion. Es zeigt sich daher die Notwendigkeit, die Kenntnisse über Organisation, Aufbau und inhaltliche Ausgestaltung der planerischen Aktivitäten in den Nachbarländern erheblich zu vertiefen. Erst dann können die wesentlichen Elemente und die spezifischen Probleme in diesem Aufgabenfeld gegenseitig besser verstanden und eingeschätzt sowie auch erste Voraussetzungen für die grenzüberschreitende Abstimmung geschaffen werden.

Die Akademie für Raumforschung und Landesplanung hat schon in mehreren Veröffentlichungen über Raumforschung bzw. Raumplanung in anderen europäischen Ländern berichtet (siehe z.B. in der Reihe "Beiträge" die Bände 42 und 54 sowie den Beitrag über Regionalplanung in der CSSR von Stanislav Sommer in: Nachrichten der ARL, Nr. 27, November 1982). Angesichts verbesserter Rahmenbedingungen soll dies in Zukunft noch verstärkt werden.

Einen weiteren Beitrag zum Abbau der bestehenden Informationsdefizite leistet die vorliegende Veröffentlichung. Sie bietet eine umfassende Darstellung der sozioökonomischen und siedlungsstrukturellen Entwicklungen sowie der Umweltbedingungen in der CSSR in ihren Wechselbeziehungen zu den planerischen Konzeptionen und wissenschaftlichen Aktivitäten. Da die Untersuchungen die städtebauliche Ebene mit einbeziehen, wird die Bezeichnung Raumplanung hier als zusammenfassender Oberbegriff verwendet.

Das inhaltliche Spektrum der Arbeit ist sehr breit angelegt; neben einem historischen Rückblick werden die aktuelle Situation, einschließlich der daraus erwachsenden Aufgaben, sowie die wesentlichen zukunftsgerichteten Probleme behandelt. Im ersten mehr analythischen Teil wird vor dem Hintergrund einer differenziert zu betrachtenden Raum- und Siedlungsstruktur innerhalb der CSSR insbesondere auf die Bevölkerungsentwicklung, die städtische und ländliche Siedlungsentwicklung sowie den Städtebau und die dabei sich stellenden Aufgaben eingegangen. Anschließend wird ein zusammenfassender Überblick über die örtliche und überörtliche Raumplanung gegeben, der Aspekte der Raumforschung mit einschließt.

Probleme ergaben sich bei der Übersetzung, da neben fachlichen Verschiedenartigkeiten auch die Begriffe beider Planungssysteme sehr unterschiedlich sind. So finden sich im vorliegenden Text teilweise Bezeichnungen, die direkt aus dem Tschechischen abgeleitet wurden und daher dem deutschen Leser nicht geläufig sind. Dies erwies sich dann als notwendig, wenn angesichts vielfältiger Unterschiede die Gefahr bestand, daß durch Begriffsangleichungen der Sachverhalt verzerrt wird. Gleichzeitig gingen die Bemühungen jedoch dahin, die in der deutschen Fachsprache üblichen Begriffe soweit als möglich zu verwenden.

Akademie für Raumforschung
und Landesplanung

INHALTSVERZEICHNIS

1.	Die bisherige siedlungsstrukturelle Entwicklung in der ČSSR und ihre Bestimmungsgründe	1
1.1	Größe und geographische Lage der ČSSR	1
1.2	Bevölkerungsentwicklung	8
1.3	Entwicklung der Siedlungsstruktur	16
1.3.1	Entwicklung des städtischen Siedlungsnetzes	16
1.3.1.1	Ökonomische Grundlagen	16
1.3.1.2	Historischer Abriß der städtischen Siedlungsentwicklung	22
1.3.1.3	Derzeitige Situation des städtischen Siedlungsnetzes	36
1.3.2	Entwicklung des Städtebaus	43
1.3.3	Entwicklung der Funktionen in den Städten	53
1.3.4	Siedlungsentwicklung auf dem Lande	59
2.	Die zukünftigen Entwicklungstendenzen der Siedlungsstruktur in der ČSSR	73
2.1	Die voraussichtliche Bevölkerungsentwicklung und ihre Folgen	73
2.2	Hauptentwicklungsrichtungen der Siedlungsstruktur	82
2.2.1	Entwicklungsperspektiven des städtischen Siedlungsnetzes	82
2.2.2	Entwicklungsperspektiven des Städtebaus	91
2.2.3	Entwicklungsperspektiven für die Funktionen der Städte	94
2.2.4	Perspektiven der ländlichen Siedlungsentwicklung	98
3.	Das Raumplanungssystem der ČSSR	106
3.1	Entwicklung der Gesetzgebung für die Raumplanung	106
3.2	Volkswirtschaftliche Planung, Territorialplanung, Raumplanung und ihre Verflechtungen	113
3.2.1	Volkswirtschaftliche Planung	113
3.2.2	Territorialplanung	114
3.2.3	Raumplanung und ihre Beziehungen zur volkswirtschaftlichen Planung und zur Territorialplanung	116
3.3	Organisationsstruktur der Planung	120
3.3.1	Organe der Territorialplanung	120
3.3.2	Organe der Raumplanung	124

3.3.3	Organe der Staatsverwaltung	126
3.4	Instrumente und Methoden der Raumplanung	128
3.4.1	Raumplanerische Unterlagen	128
3.4.2	Raumplanungsdokumente	132
3.4.3	Entscheidung über die Flächennutzung und Standortgenehmigungsverfahren	136
3.5	Raumforschung und städtebauliche Forschung	141
3.5.1	Entwicklung der Raumforschung und städtebaulichen Forschung sowie der Forschungsstellen	141
3.5.2	Schwerpunkte der grundlegenden Forschungsarbeiten im Städtebau und in der Raumplanung	144
4.	Weiterentwicklung und Verbesserung der Raumplanung in der ČSSR	150
4.1	Gesellschaftliche und wirtschaftliche Voraussetzungen der Raumentwicklung	150
4.2	Verbesserung der Koordinierung von volkswirtschaftlicher Planung, Territorialplanung und Raumplanung	152
4.3	Bewertung vorliegender Planungsinstrumente und -methoden und Verbesserungsmöglichkeiten	155
4.3.1	Grundprobleme	155
4.3.2	Planungsauftrag und Ausarbeitung der Raumplanungsdokumente	157
4.3.3	Realisierung der genehmigten Raumplanungsdokumente	160
4.4	Zukünftige Aufgaben der Raumforschung	163
5.	Literatur	167

Tabellenverzeichnis

Tab. 1: Entwicklung der Bevölkerungsdichte in den Ländern der böhmischen Krone (Böhmen, Mähren, Schlesien) und in der Slowakei von der Mitte des 18. Jahrhunderts an

Tab. 2: Bvölkerungsentwicklung im Zeitraum 1849 - 1980

Tab. 3: Alteraufbau der Bevölkerung bei den Volkszählungen 1961 und 1980

Tab. 4: Durchschnittliche Haushaltsgröße in 1970 und 1980

Tab. 5: Berufstätige Bevölkerung in den wichtigsten Wirtschaftszweigen (1961 und 1980)

Tab. 6: Pendlerwanderungen in den Jahren 1961, 1970 und 1980

Tab. 7: Verteilung der Gesamtbevölkerung auf die verschiedenen Gemeindegrößen; Anteil der Siedlungen an der Gesamtbevölkerung im Zeitraum von 1921 bis 1980

Tab. 8: Erwerbstätige Wohnbevölkerung der Kernstädte der Stadtregionen höherer Stufe in der ČSR

Tab. 9: Erwerbstätige Wohnbevölkerung der Kernstädte der Stadtregionen höherer Stufe in der SSR

Tab. 10: Anteil (%) der an öffentliche Wasserleitungs- und Kanalisationsnetze angeschlossenen Bevölkerung (1980)

Tab. 11: Ergebnisse der in ČSSR nach 1945 durchgeführten Bodenreform

Tab. 12: Struktur der landwirtschaftlichen Betriebe in der ČSSR zum 01.03.1949

Tab. 13: Anteile der Bevölkerung der Siedlungen verschiedener Größenordnungen

Tab. 14: Bevölkerungsstruktur der ČSSR nach Sozialgruppen

Tab. 15: Haushalte nach Sozialgruppe des Wohnungsbesitzes und nach zuzuordnendem Gemeindetyp im Jahre 1980

Tab. 16: Haushalte nach Sozialgruppe des Wohnungsbesitzes, Typ des Wohnhauses und zuzuordnendem Gemeindetyp im Jahre 1980

Tab. 17: Maximale und minimale Prognose der natürlichen Bevölkerungsentwicklung für die Jahre 2000 und 2030

Tab. 18: Bevölkerungszunahme (-abnahme) in den Jahren 1961 - 1980 und die bis 2000 erwartete Zu- bzw. Abnahme, einschließlich Migration

Tab. 19: Prognose des Altersaufbaus der Bevölkerung der ČSR und SSR in den Jahren 1980 - 2000

Tab. 20: Altersaufbau der Bevölkerung von Siedlungen in der ČSR

Tab. 21: Der im Zeitabschnitt 1980 - 2010 zu wartende Anteil der arbeitsfähigen Bevölkerung nach Bezirken

Tab. 22: Anteile der Wirtschaftsbereiche an der Gesamtzahl der Beschäftigten (in %)

Bilderverzeichnis

Bild 1: Böhmisch Budweis - Stadtplatz

Bild 2: Kaschan - Stadtkern und spindelförmiger Stadtplatz

Bild 3: Franzensbad - Bebauung aus dem 19. Jahrhundert

Bild 4: Gottwaldov - zwischen den Weltkriegen als Gartenstadt geplant

Bild 5: Haviror - Stadtplatz

Bild 6: Prag - Siedlung Pankrec

Bild 7: Dorf im böhmisch-mährischen Höhenzug

Abbildungsverzeichnis

Abb. 1 a: Die Lage der ČSSR in Europa

Abb. 1 b: Übersichtskarte

Abb. 2: Gebirgskämme, Flüsse, Klimatische Zonen und Schutzgebiete der ČSSR

Abb. 3: Autobahn- und Straßennetz der ČSSR

Abb. 4: Eisenbahnnetz der ČSSR

Abb. 5: Bevölkerungszunahme (Abnahme) im Zeitraum 1950 - 1980 in % des Bevölkerungsstandes 1950

Abb. 6:   Bevölkerungsdichte der ČSSR 1980

Abb. 7:   Industrie und Gewerbe in Österreich-Ungarn im Jahre 1900

Abb. 8:   Verteilung der Größe der Siedlungen in der ČSSR

Abb. 9:   Verteilung der Siedlungen mit bis zu 300 Einwohnern

Abb. 10:   Verteilung der Siedlungen mit 300 - 1 000 Einwohnern

Abb. 11:   Verteilung der Siedlungen mit 1 000 - 5 000 Einwohnern

Abb. 12   System zentraler Siedlungen in der ČSSR

Abb. 13:   Stadtregionen der ČSSR

Abb. 14:   Unterschiedliche Dichte des Siedlungsnetzes in der ČSSR

Abb. 15 a: Ferntrassen des Verkehrs und der technischen Infrastruktur in der ČSR

Abb. 15 b: Ferntrassen des Verkehrs und der technischen Infrastruktur in der SSR

Abb. 16:   Verflechtungen von volkswirtschaftlicher Territorial- und Raumplanung

Abb. 17:   Organisation und Ablauf der Planung in der ČSSR

Abb. 18:   Gliederung des Raumplanungsdokumentes

Abb. 19:   Forschungsinstitutionen in der ČSSR

1. Die bisherige siedlungsstrukturelle Entwicklung in der ČSSR und ihre Bestimmungsgründe

1.1 Größe und geographische Lage der ČSSR

Die Tschechoslowakei umfaßt eine Fläche von 127.896 km²: davon entfallen auf die CSR (Tschechische sozialistische Republik) 78.864 km² und auf die SSR (Slowakische Sozialistische Republik) 49.032 km². Mit dieser flächenmäßigen Ausdehnung steht die Tschechoslowakei an 14. Stelle in Europa. Nach der Bevölkerungszahl – mit 15.283.095 EW (davon 10.291.927 EW in der CSR und 4.991.169 EW in der SSR) – nimmt sie die 11. Stelle ein. Die Bevölkerungsdichte beträgt 120 EW/km² (131 EW/km² in der CSR und 103 EW/km² in der SSR), dies entspricht der 12. Position im europäischen Vergleich.

Das Staatsgebiet hat eine längliche Form. Die größte Ausdehnung in West-Ost-Richtung beträgt 764 km, in Nord-Süd-Richtung 469 km. Die Staatsgrenze hat eine Länge von 3.472 km.

Von den europäischen Binnenländern ist die Tschechoslowakei das vom Meer am weitesten entfernte Land, das ungefähr inmitten zwischen dem Belt im Norden und der Adria und dem Ligurischen Meer im Süden und zwischen der Nordsee im Westen und dem Schwarzen Meer im Osten liegt (vgl. Abb. 1).

Abb. 1a:
Die Lage der ČSSR in Europa

Abb. 1b: Übersichtskarte

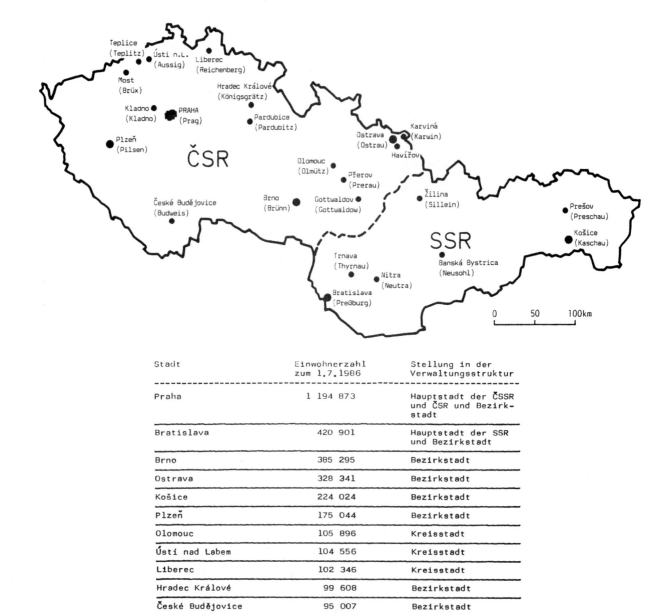

Stadt	Einwohnerzahl zum 1.7.1986	Stellung in der Verwaltungsstruktur
Praha	1 194 873	Hauptstadt der ČSSR und ČSR und Bezirkstadt
Bratislava	420 901	Hauptstadt der SSR und Bezirkstadt
Brno	385 295	Bezirkstadt
Ostrava	328 341	Bezirkstadt
Košice	224 024	Bezirkstadt
Plzeň	175 044	Bezirkstadt
Olomouc	105 896	Kreisstadt
Ústí nad Labem	104 556	Kreisstadt
Liberec	102 346	Kreisstadt
Hradec Králové	99 608	Bezirkstadt
České Budějovice	95 007	Bezirkstadt
Pardubice	94 742	Kreisstadt
Havířov	92 302	Kreisstadt
Žilina	92 114	Kreisstadt
Gottwaldov	86 314	Kreisstadt
Nitra	85 747	Kreisstadt
Prešov	83 106	Kreisstadt
Banská Bystrica	79 520	Bezirkstadt
Karviná	74 359	Kreisstadt
Kladno	72 717	Kreisstadt
Trnava	70 298	Kreisstadt
Přerov	51 452	Kreisstadt
Most	65 006	Kreisstadt
Teplice	55 013	Kreisstadt

Quelle: Erarbeitet nach dem Statistischen Jahrbuch der ČSSR, 1987, Seite 93

Aus der Sicht der physischen Geographie ist die Tschechoslowakei infolge ihrer zentralen Lage ein Mischgebiet, das durch verschiedene Übergangsformen gekennzeichnet ist. Es liegt im Übergangsbereich zweier Teile des europäischen Kontinents, die sich durch ihr Alter und ihre geologische und geomorphologische Entwicklung unterscheiden. Den westlichen Teil des Landes bildet das am Ende des Primärs entstandene Böhmische Massiv, dessen Oberfläche überwiegend den Charakter von Hügellandschaft und Mittelgebirge hat. Den östlichen Teil des Landes bilden die Karpaten, deren Gebirgzüge – mit Gipfeln über 2000 m – im Tertiär entstanden sind.

Die Scheide zwischen den beiden Gebirgssystemen bilden die noch am Ende des Tertiärs vom Meer überfluteten Talebenen. Fast zwei Drittel des Staatsgebietes (65,33 %) liegen in einer Seehöhe bis 500 m, ein Drittel in einer Seehöhe von 500 bis 1000 m und 2,7 % über 1000 m. Der tiefste Punkt des Landes liegt bei Streda nad Bodrogom (95 m über dem Meeresspiegel), der höchste am Gipfel des Gerlachovsky stit in der Hohen Tatra (2.655 m); die mittlere Seehöhe des Staatsgebietes beträgt 450 m.

Die Lage und die Topographie der CSSR bestimmen die Abflußrichtungen des Niederschlagwassers. Quer durch die CSSR, die ein Quellgebiet ist, verläuft eine der wichtigsten europäischen Wasserscheiden, die die Einzugsbereiche der Nordsee, der Ostsee und des Schwarzen Meeres voneinander trennt. Zum Einzugsbereich der Nordsee gehören 39 % der Oberfläche der CSSR, zu dem der Ostsee nur 7,2 % und zu dem des Schwarzen Meeres 53,8 %.

Auch das Klima der CSSR wird weitgehend von ihrer geographischen Lage bestimmt. Es ist durch die Vermischung von ozeanischen und kontinentalen Einflüssen und durch den allmählichen Übergang von maritimem Klima im Westen zum kontinentalen Klima im Osten gekennzeichnet. Die Vielfalt der Fauna und der Flora zeugt davon, daß das Gebiet der CSSR ein Schnittpunkt aller Hauptrichtungen der Verbreitung von Fauna und Flora in Europa war (Abb. 2).

In wirtschaftsgeographischer Sicht ist die Lage und die Form des Staatsgebietes der CSSR insbesondere für das Verkehrswesen von Bedeutung. Die wichtigsten Straßenverbindungen verlaufen in Ost-West-Richtung über Nürnberg-Pilsen-Prag-Brünn-Bratislava-Wien sowie von Warschau über Hradec Králové nach Brünn. Die Eisenbahnhauptstrecke führt ebenfalls in Ost-West-Richtung aus der UDSSR über Košice-Přerov-Prag-Pilsen-Cheb in die BRD (vgl. Abb. 3 und 4).

Abb. 2: Gebirgskämme, Flüsse, Klimatische Zonen und Schutzgebiete der ČSSR

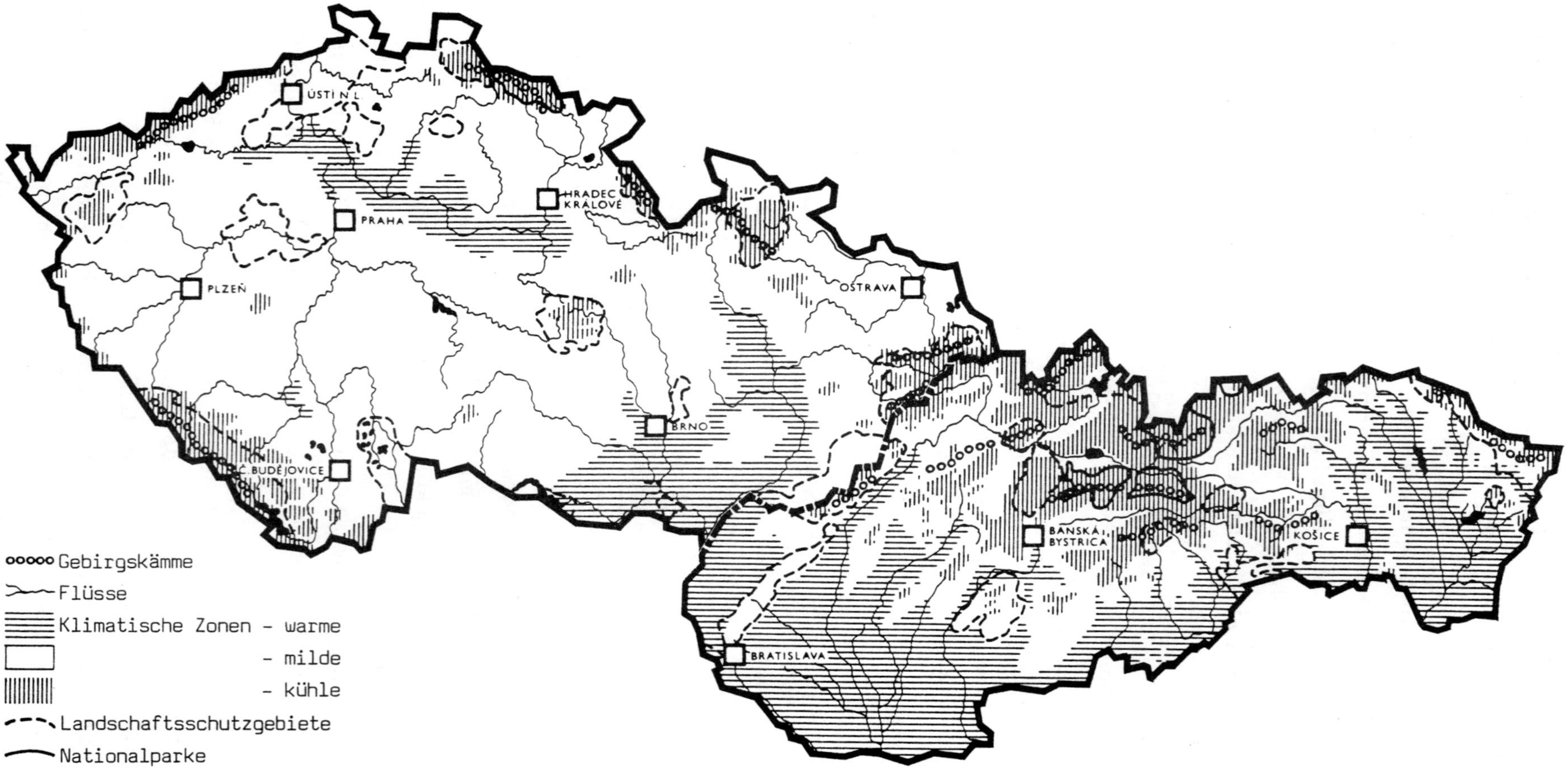

In der Vergangenheit war die geopolitische Lage der Tschechoslowakei meistens sehr ungünstig. Auf Grund der zentralen Lage stand sie immer im Kraftfeld der Machtinteressen der größten politischen Gebilde Europas und oftmals war sie auch Schauplatz ihrer Auseinandersetzungen.

Abb. 3: Autobahn- und Straßennetz der ČSSR

— Autobahnen im Betrieb
--- Geplante Autobahnen
— Hauptstraßennetz
— Landesstraßennetz

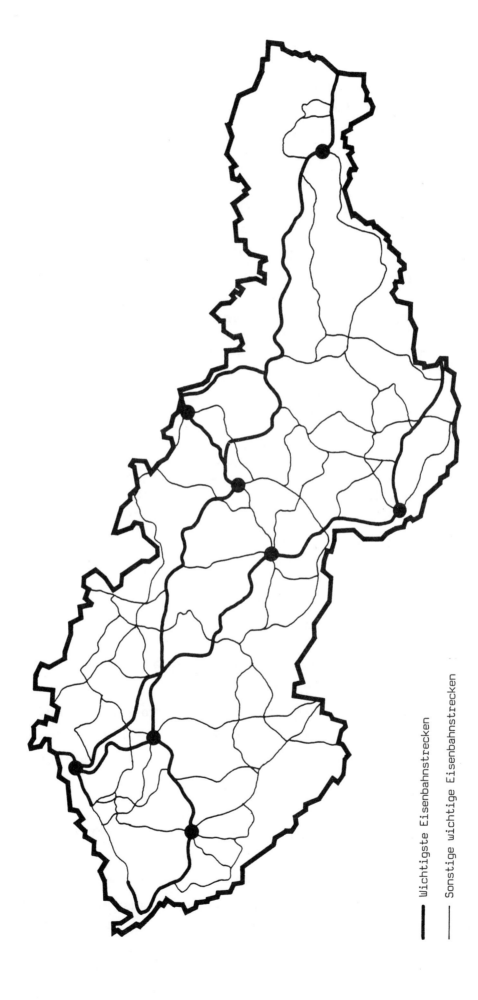

Abb. 4: Eisenbahnnetz der ČSSR

▬▬ Wichtigste Eisenbahnstrecken

── Sonstige wichtige Eisenbahnstrecken

1.2 Bevölkerungsentwicklung

Unter der ehemaligen österreichisch-ungarischen Monarchie wies die Bevölkerungsentwicklung auf dem Gebiet der heutigen CSSR große Unterschiede auf, die von vielen Faktoren bedingt waren, die die wirtschaftliche und gesellschaftliche Entwicklung beider Teile der Monarchie unterschiedlich beeinflußten (vgl. 1.3.1). Die Verwüstungen des dreißigjährigen Krieges wurden in den Ländern der böhmischen Krone ziemlich rasch überwunden. Bereits in der Mitte des 18. Jahrhunderts waren diese Länder wieder dicht besiedelt und die damalige Bevölkerungsdichte von 42 EW/km² entsprach der von Sachsen, England, Nordfrankreich und Norditalien.

Tab. 1: Entwicklung der Bevölkerungsdichte in den Ländern der böhmischen Krone (Böhmen, Mähren, Schlesien) und in der Slowakei von der Mitte des 18. Jahrhunderts an.

Zeit	Länder der Böhmischen Krone		Slowakei	
	in Tausend EW	je km²	in Tausend EW	je km²
1754	3.360	42,4	1.667	34,0
1800	4.674	58,9	2.109	43,0
1848	6.735	85,0	2.442	50,0
1880	8.222	104,0	2.478	51,0
1910	10.079	128,0	2.917	60,0
1930	10.674	135,0	3.324	68,0
1950	8.896	113,0	3.442	70,0
1980	10.289	130,0	4.993	102,0

Quelle: Vystavba a architektura, Praha, VUVA, 1976 No. 10, S. 10

Aus der Tabelle ist das stärkere Bevölkerungswachstum in den böhmischen Ländern im Vergleich zur Slowakei ersichtlich, das auf den durch die Industrialisierung des österreichischen Teiles der Monarchie (insbesondere Böhmens und Mährens) gehobenen Lebensstandards zurückzuführen ist. Dieser Industrialisierungsprozeß verlief von der Mitte des 19. Jahrhunderts bis ungefähr zum Anfang des ersten Weltkrieges (vgl. 1.3.1).

Der beträchtliche Bevölkerungszuwachs in den böhmischen Ländern machte sich trotz der Tatsache bemerkbar, daß bis zum Beginn des ersten Weltkrieges daraus allein nach Wien fast eine Million Einwohner ausgewandert sind, wobei die Zahl der in der gleichen Zeit nach Budapest ausgewanderten Slowaken nur 170.000 betrug. Zu dieser verhältnismäßig niedrigen Abwanderung der Slowaken nach Ungarn kam jedoch noch die starke Auswanderung insbesondere in die

Vereinigten Staaten. Um die Jahrhundertwende war diese Auswanderung so stark, daß in der Slowakei die Bevölkerungsverluste fast zweimal größer waren als in den Böhmischen Ländern. Das Bevölkerungswachstum war in der Slowakei bis 1910 wesentlich langsamer als in den böhmischen Ländern, trotz der hohen Geburtenrate von mehr als 40 lebend geborenen Kindern je 1000 EW, die bis Ende des 19. Jahrhunderts verzeichnet wurde. Dies ist auf die hohe Sterblichkeit und auf die beträchtliche, durch ungünstige Wirtschaftsverhältnisse ausgelöste Emigration zurückzuführen. Im Zeitraum 1870 - 1900 emigrierten aus der Slowakei 341.000 Personen und bis 1910 weitere 200.000.

Nach dem ersten Weltkrieg trat auch in den böhmischen Ländern trotz zunehmender Geburtenrate eine Stagnation der Bevölkerungsentwicklung ein, da gleichzeitig auch die durch Arbeitslosigkeit ausgelöste Emigration zunahm (vgl. Silvan, J., 1983, S. 29/30).

Eine ausführlichere Übersicht der Bevölkerungsentwicklung von 1949 bis 1980 in der CSSR insgesamt und in den nationalen Republiken (CSR und SSR) ist der Tabelle 2 zu entnehmen.

Die Folgen der beiden Weltkriege machten sich in den Volkszählungen von 1921 und 1950 bemerkbar. Die Bevölkerungsabnahme in den böhmischen Ländern in den Jahren 1946 - 1950 ist auf die Aussiedlung der Deutschen vor allem aus den Grenzgebieten zurückzuführen. Die Stagnation der Bevölkerungszahl in der Slowakei war die Folge der Übersiedlung eines Teiles der slowakischen Bevölkerung in die böhmischen Grenzgebiete. Ergänzend zeigt Tabelle 3 die Entwicklung des Altersaufbaues der Bevölkerung der CSSR, der CSR und der SSR über zwei Jahrzehnte hinweg (Volkszählungen 1961 und 1980).

Tabelle 2: Bevölkerungsentwicklung im Zeitraum 1849 - 1980

Jahr der Volks- zählung	Bevölkerungszahl			durchschnittl. jährl. Zu-(+) o. Abnahme (-) pro 1000 Einw. im Zeitraum zwischen den Volkszählungen		
	ČSSR	ČSR	SSR	ČSSR	ČSR	SSR
1849-1869	10 099 041	7 617 230	2 481 811	+ 4,8	+ 6,2	+ 0,8
1880	10 699 534	8 222 013	2 477 521	+ 5,4	+ 7,2	- 0,2
1890	11 260 601	8 665 421	2 595 180	+ 5,2	+ 5,4	+ 4,7
1900	12 155 139	9 372 214	2 782 925	+ 7,9	+ 8,2	+ 7,2
1910	12 995 294	10 078 637	2 916 657	+ 6,9	+ 7,5	+ 4,8
1921	13 003 446	10 009 587	2 993 859	+ 0,1	- 0,7	+ 2,6
1930	13 998 497	10 674 386	3 324 111	+ 7,8	+ 6,8	+11,3
1950	12 338 450	8 896 133	3 442 317	- 6,2	- 8,7	+ 1,8
1961	13 745 577	9 571 531	4 174 046	-10,6	+ 7,8	+17,4
1970	14 344 987	9 807 697	4 537 290	+ 4,4	+ 2,5	+ 8,7
1980	15 283 095	10 291 927	4 991 168	+ 7,1	+ 5,6	+ 9,7

Quelle: Statistická ročenka ČSSR, Prag 1983, S. 100.

Tabelle 3: Altersaufbau der Bevölkerung bei den Volkszählungen 1961 und 1980

Tag der Volks- zäh- lung	Alters- gruppen	Bevölkerungszahlen					
		ČSSR		ČSR		SSR	
		abs.	%	abs.	%	abs.	%
1.3. 1961	0-14	3 743 077	27,23	2 828 569	25,37	1 314 508	31,49
	15-59 M	3 998 075	29,09	2 810 095	29,36	1 187 980	28,46
	15-54 F	3 678 019	26,76	2 583 428	26,99	1 094 591	26,22
	60 + M	794 383	5,78	588 838	6,15	205 545	4,92
	55 + F	1 532 023	11,14	1 160 601	12,13	371 422	8,91
	insgesamt	13 745 577	100,00	9 571 531	100,00	4 174 046	100,00
1.11. 1980	0-14	3 714 037	24,30	2 412 015	23,44	1 302 072	26,09
	15-59 M	4 552 174	29,79	3 054 112	29,67	1 498 062	30,01
	15-54 F	4 115 531	26,93	2 743 123	26,65	1 372 408	27,50
	60 + M	989 681	6,47	699 452	6,80	290 229	5,81
	55 + F	1 911 622	12,51	1 383 225	13,44	528 397	10,59
	insgesamt	15 283 095	100,00	10 291 927	100,00	4 991 168	100,00

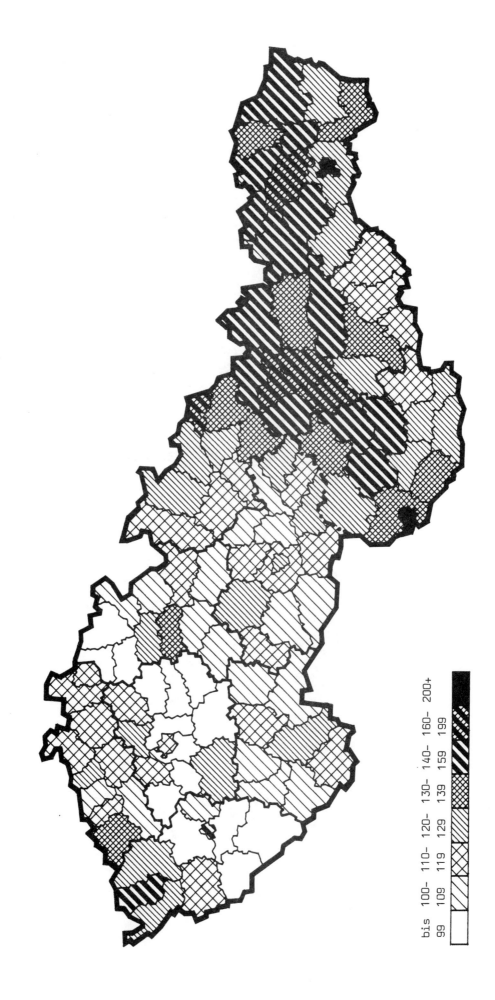

Abb. 5: Bevölkerungszunahme (Abnahme) im Zeitraum 1950–1980 in % des Bevölkerungsstandes 1950

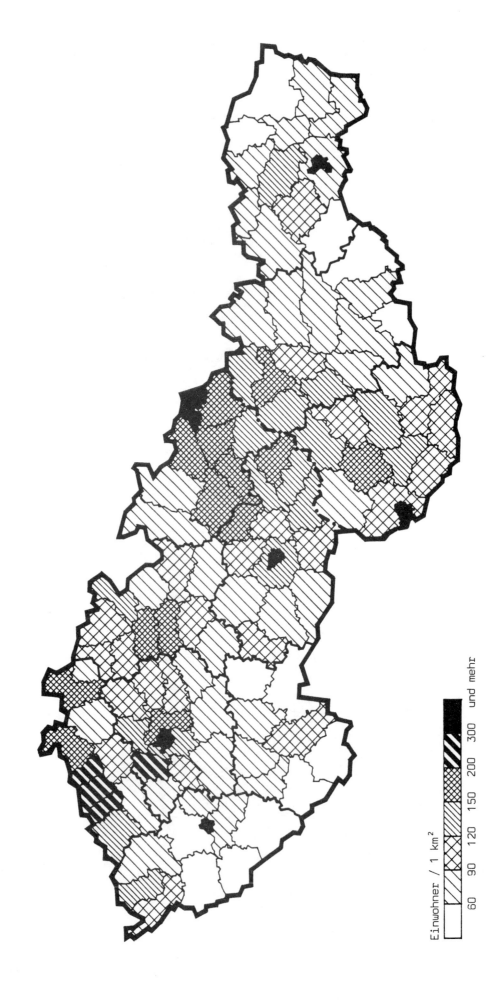

Abb. 6: Bevölkerungsdichte der ČSSR 1980

Die durchschnittliche Haushaltsgröße hat sich von 1970 bis 1980 in beiden Republiken etwas vermindert, ist jedoch in der SSR noch immer größer als in der CSR (siehe Tabelle 4).

Tabelle 4: Durchschnittliche Haushaltsgröße in 1970 und 1980

Gebiet	Haushalte			
	1970 insgesamt	Durchschnittsgröße	1980 insgesamt	Durchschnittsgröße
CSSR	4.847.249	2,96	5.536.158	2,76
CSR	3.502.608	2,80	3.875.681	2,66
SSR	1.344.641	4,47	1.660.477	3,01

Tabelle 5 enthält Angaben über die Berufstätigkeit der Wohnbevölkerung der CSSR, der CSR und der SSR in den Jahren 1961 und 1980, gegliedert nach Wirtschaftszweigen. Im Jahre 1961 gab es noch beträchtliche Unterschiede im Beschäftigungsgrad zwischen der CSR und der SSR. Die Slowakei befand sich damals erst in der Phase der Industrialisierung und der Anteil der Beschäftigten in Industrie und Baugewerbe war hier um 10 % niedriger, im Bergbau und in der Landwirtschaft jedoch um 13 % höher als in der CSR. Auch der Anteil der Beschäftigten im Verkehr, Fernmeldewesen und anderen Zweigen (insbesondere in öffentlichen und sozialen Einrichtungen und Dienstleistungen) war in der SSR niedriger als in der CSR. Im Zeitraum zwischen 1961 und 1980 haben sich diese Unterschiede wesentlich vermindert.

Die Angaben von 1961 und 1980 belegen eine starke Entwicklung des tertiären und eine allmähliche Schrumpfung des primären Sektors. Auch der sekundäre Sektor wies insgesamt – insbesondere in der Slowakei – eine Wachstumstendenz auf, obwohl er in der CSR im Zeitraum 1960 – 1981 etwas zurückging. Tabelle 5 zeigt deutlich, daß insbesondere der tertiäre Sektor das in den wirtschaftlich hochentwickelten Ländern übliche Niveau noch nicht erreicht hat.

Die Angaben in Tabelle 6 zeigen die anhaltende Wachstumstendenz der Pendelwanderungen. Dabei ist zu beachten, daß in Folge der administrativen Integration der Gemeinden der Pendelverkehr nicht vollständig erfaßt werden konnte.

Die wichtigsten Ziele der Pendelwanderungen sind die Großstädte. Im Jahre 1980 arbeiteten ca. 126.000 Einpendler in Prag, 88.000 in Preßburg, 67.000 in Brünn, 43.000 in Kosice, 29.000 in Pilsen und 21.000 in Olomouc.

Tabelle 5: Berufstätige Bevölkerung in den wichtigsten Wirtschaftszweigen (1961 und 1980)

Gebiet	Jahr	insgesamt	berufstätige Wohnbevölkerung					
			davon in					
			Land- und Forstwirtschaft (Primärer Sektor)		Industrie und Baugewerbe (Sekundärer Sektor)		Verkehr, Fernmeldewesen und sonstige Zweige (Tertiärer Sektor)	
			abs.	%	abs.	%	abs.	%
ČSSR	1961	6 439 412	1 572 747	24,42	3 054 184	47,43	1 812 481	28,15
	1980	7 848 867	1 026 386	13,08	3 833 608	48,84	2 988 873	38,08
ČSR	1961	4 695 264	982 876	20,93	2 362 688	50,32	1 349 700	28,75
	1980	5 363 945	645 228	12,03	2 659 503	49,58	2 059 214	38,39
SSR	1961	1 744 148	589 871	33,82	691 496	39,65	462 781	26,53
	1980	2 484 922	381 158	15,34	1 174 105	47,25	929 659	37,41

Tabelle 6: Pendlerwanderungen in den Jahren 1961, 1970 und 1980

Gebiet	berufstätige Personen im Jahre					
	1961		1970		1980	
	berufstätige Personen	davon Auspendler	berufstätige Personen	davon Auspendler	berufstätige Personen	davon Auspendler
ČSSR	6 439 412	2 296 677	6 982 502	2 630 274	7 848 867	2 849 218
ČSR	4 695 264	1 601 358	4 983 767	1 769 102	5 363 945	1 700 123
SSR	1 744 148	695 319	1 998 735	861 172	2 484 922	1 149 125

1.3 Entwicklung der Siedlungsstruktur

1.3.1 Entwicklung des städtischen Siedlungsnetzes

Im Frühkapitalismus führte die Veränderung der Produktionsverhältnisse zu einem differenzierten Wachstum der Städte. Manche am Anfang der Neuzeit noch prosperierenden Städte begannen zu stagnieren. Die bis dahin relativ gleichmäßige Siedlungsstruktur mit kaum unterschiedlichen Bevölkerungsdichten wurde mit der fortschreitenden Industrialisierung vielfältiger und differenzierter. Dieser für die europäische Entwicklung charakteristische Prozeß verlief auch in den böhmischen Ländern, wo er natürlich durch die örtlichen Bedingungen und Möglichkeiten geprägt war.

In der Siedlungsstruktur und der Besiedlungsdichte hat das böhmische Becken und der nordwestliche Teil Mährens viel Ähnlichkeit mit Österreich, Bayern, Sachsen und dem westlichen Teil Polens, wo die Siedlungsstruktur nicht nur durch eine große Anzahl von Siedlungen, sondern auch durch dichtes Netz von Städten und Kleinstädten und eine weite Streuung der ländlichen Siedlungen gekennzeichnet ist.

Während Böhmen und der größere Teil Mährens Merkmale der west-europäischen Siedlungsstruktur aufweisen, bildet die Siedlungsstruktur der Slowakei und des südöstlichen Teiles Mährens stellenweise schon den Übergang zum Typ der dünneren osteuropäischen Siedlungsstruktur. Die bis heute festzustellenden Unterschiede in der Siedlungsstruktur der böhmischen Länder und der Slowakei sind meistens durch die historische Entwicklung bedingt, da diese Länder sich über ein Jahrtausend lang unter unterschiedlichen politischen und ökonomischen Bedingungen entwickelt haben.

1.3.1.1 Ökonomische Grundlagen

Während in den böhmischen Ländern die intensive Industrialisierung bereits in der 2. Hälfte des 19. Jahrhunderts eintrat, blieb die Slowakei im Rahmen des vorwiegend agrarisch geprägten Ungarns, bis auf wenige Ausnahmen, ohne Industrie.

In den böhmischen Ländern wies die Industrieentwicklung ein spezifisches Merkmal auf. Am Anfang entwickelte sich die auf der Ausnutzung der Arbeitskraft beruhende Industrie schneller als die auf der Rohstoffbasis entstandene Industrie. Nordböhmen lag bis gegen Ende des vorigen Jahrhunderts innerhalb der böhmischen Länder nach der Zahl von Arbeitsplätzen in der Industrie an erster Stelle (z.B. gab es 1880 im Raum von Liberec etwa 135 000 beschäftigte Arbeiter, in Praha (Prag) nur 69.000 und in Ceske Budejovice (Budweis) nur 8.400). Um die Jahrhundertwende jedoch waren es dann andere Städte, vor allem Praha, Brno, Plzen und Ostrava (Ostrau), die die meisten Industrie-Arbeitsstätten besaßen.

In den böhmischen Ländern entwickelten sich vorwiegend Textilindustrie, Nahrungsmittelindustrie, Bergbau und Metallurgie, in der Slowakei meistens Bergbau und Nahrungsmittelindustrie. Die größte Konzentration der Industriebetriebe und – mit Ausnahme von Praha und Plzen – auch der Bevölkerung, wies Nordböhmen auf. In der Slowakei konzentrierte sich der Bergbau in der Umgebung von Banska Bystrica und im Slowakischen Erzgebirge.

Im Jahre 1910 gehörte Böhmen mit 40 % der Berufstätigen in der Industrie zu den industriell höchst entwickelten Ländern Europas. Einen höheren Anteil der in der Industrie beschäftigten Bevölkerung wiesen nur Großbritannien, Belgien und die Schweiz auf. Gleichzeitig zeigte sich aber eine bemerkenswerte Diskrepanz zwischen der Dynamik der Industrialisierung und der Urbanisierung, die noch heute in der geringen Zahl an Großstädten ihren Niederschlag findet (vgl. Abb. 7).

Obwohl die Ursachen dieser Erscheinung noch nicht völlig klar sind, können einige Gründe für die langsame und schwache Urbanisierung angeführt werden. Der Adel, der sich vor allem im österreichischen Teil der Monarchie an der Industrieentwicklung wesentlich beteiligte, gründete seine Manufakturen in Böhmen und Mähren vorwiegend in seinen dortigen ländlichen Domänen.

Um die Jahrhundertwende hatte die Industrie teilweise noch Manufakturcharakter bzw. war kleingewerblicher Art. Die räumliche Streuung der Industrie blieb auch in der Zeit ihrer intensiven Entwicklung und allmählichen Konzentration in der Nähe von wichtigen Verkehrsknotenpunkten und Eisenbahnstrecken weitgehend erhalten. Eine intensivere Urbanisierung wurde auch dadurch verhindert, daß die böhmischen Länder innerhalb der Monarchie lange Zeit an der Peripherie des politischen Geschehens standen.

Während die Bevölkerungsdichte in den böhmischen Ländern von 1800 bis 1930 von 59 Ew/km² auf 135 Ew/km² anstieg, steigerte sie sich in der Slowakei – u.a. wegen der starken Auswanderung – nur von 43 auf 68 km² (vgl. 1.2). In den böhmischen Ländern blieb die Auswanderung dank der intensiven Industrialisierung weitgehend gering. Trotzdem konnte der Prozeß der Verstädterung mit dem Prozeß der Industrialisierung nicht Schritt halten und die Urbanisierungsstufe blieb unter dem Durchschnitt der industriell gleich entwickelten Länder. Immerhin war sie in den böhmischen Ländern höher als in der Slowakei.

Abb. 7: Industrie und Gewerbe in Österreich-Ungarn im Jahre 1900

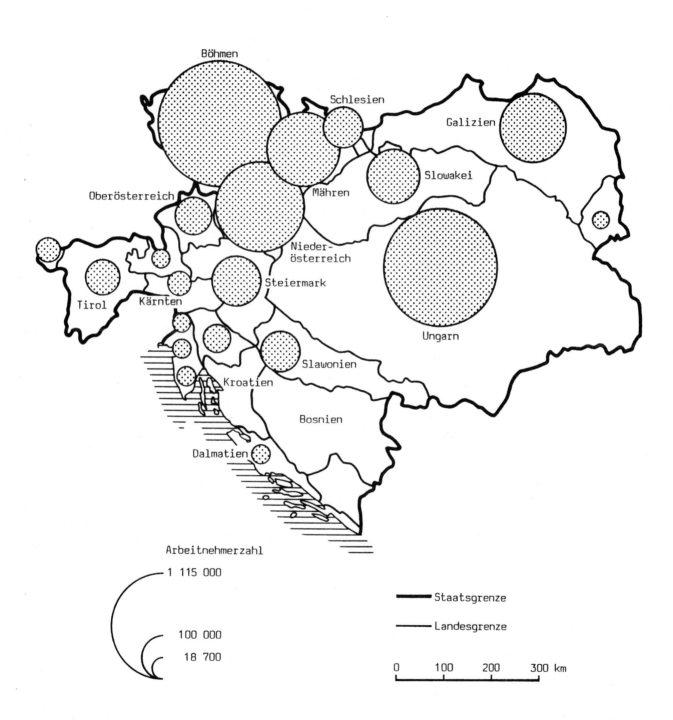

Nach dem ersten Weltkrieg hat sich trotz weiteren Wachstums des Industriepotentials in Böhmen die räumliche Verteilung der Arbeitsplätze kaum verändert. Die große Industriekapazität der böhmischen Länder verlor nach dem Zerfall der Monarchie vier Fünftel ihres Hinterlandes.

Nach dem Zerfall Österreich-Ungarns im Jahre 1918 entfiel auf die Tschechoslowakei ungefähr 1/5 des Gebietes, jedoch 3/4 der Industrie der ehemaligen Monarchie: so z.B. 80 % der Textilindustrie, 85 % der Glasindustrie, 70 % der keramischen Industrie, 83 % der Montanindustrie und 50 % der Hüttenindustrie. Ihrem Industriepotential nach stand die Tschechoslowakei damit an 10. Stelle in der Welt.

Nach einer kurzen Konjunktur kam die langwierige Wirtschaftskrise der dreißiger Jahre, die u.a. eine stärkere Industrialisierung der Slowakei verhinderte. Die Schwäche der damaligen slowakischen Industrie kann an der Zahl der Arbeitsplätze in den zwei größten Städten der Slowakei dokumentiert werden. 1930 hatte Bratislava (Preßburg) ungefähr soviel Industriearbeitsplätze wie wesentlich kleinere Städte in Böhmen, z.B. Prostejov oder Trutnov. Große wirtschaftliche Disproportionen gab es in der ersten Republik (1918 - 1939) nicht nur zwischen den böhmischen Ländern und der Slowakei, sondern auch innerhalb der böhmischen Länder, wo große Gebiete in Südböhmen und in den böhmisch-mährischen Bergen industriell unterentwickelt blieben.

Mehr als 50 % der Industriekapazitäten der Tschechoslowakei hatten ihren Standort nördlich der Linie Cheb-Praha-Pardubice-Ceska Trebova-Tesin, d.h. auf weniger als 1/4 des Staatsgebietes. Auf die Slowakei entfielen 10 % der Industrieproduktion und etwa 30 % der Bevölkerung.

Unter diesen Bedingungen konnte ein allgemeines Wachstum der Städte nicht eintreten.

Eine stärkere Entwicklung wiesen vor allem die Verwaltungszentren auf - die Hauptstadt Praha (meistens durch Eingemeindung der umliegenden Städte und Gemeinden) und die Landeshauptstädte Brno und Bratislava. Das Wachstum der Mittel- und Kleinstädte war keineswegs stark, abgesehen von einigen Ausnahmen (Gottwaldov, Hradec Kralove, Zilina), viele Städte stagnierten, z.B. Pisek, Pribram u.a.

Nach dem 2. Weltkrieg kam es zu tiefgreifenden Veränderungen in der Siedlungs- und Bevölkerungsstruktur in Folge der Aussiedlung der Deutschen, vor allem aus den Grenzgebieten Böhmens und Mährens. Die organisierte Aussiedlung betraf fast 2 Millionen Personen; darüber hinaus verließen weitere 500.000 Deutsche das Land. Dadurch trat in Böhmen und Mähren in allen Gemeindekategorien ein Bevölkerungsverlust ein. In den größeren Zentren der inneren Gebiete der CSSR wurden diese Bevölkerungsverluste in den fünfziger Jahren und im Grenzgebiet in den sechziger Jahren ausgeglichen.

Nach der Aussiedlung der deutschen Bevölkerung hat sich die Bevölkerungsdichte in den böhmischen Ländern der in der Slowakei angeglichen. Die starke Industrialisierungswelle des beginnenden sozialistischen Aufbaus des Staates, als die Investitionen vorzugsweise in die Slowakei und andere unterentwickelten Gebiete gelenkt wurden, hat zu einer gleichmäßigeren Verteilung des Industriepotentials des Landes und der Arbeitsplätze beigetragen.

Einerseits kam es zur Konzentration der Investitionen auf Schwerindustrie und chemische Industrie, was ein starkes Wachstum einiger Regionen bzw. Städte zur Folge hatte (z.B. der Kohlenbezirke von Nordmähren und Nordböhmen, der Städte Kladno, Pardubice, Bratislava, Kosice); andererseits kam es gleichzeitig zu beträchtlichen Investitionsstreuungen, die die historisch entstandene disperse Siedlungsstruktur, insbesondere in den böhmischen Ländern, weiter verfestigte.

Die Veränderungen in der Verteilung des Produktionspotentials wurden auch durch die im Jahre 1948 durchgeführte Verwaltungsreform gefördert, wobei die früheren drei Länder durch 20 Bezirke ersetzt wurden, mit dem Ziel, das wirtschaftliche und kulturelle Leben zu dezentralisieren. Im Jahre 1960 wurde die zweite Verwaltungsreform durchgeführt, wobei das System der Bezirke vereinfacht und ihre Zahl auf 10 vermindert wurde.

In der CSR sind dies: Praha, Brno, Ostrava, Plzen, Hradec Králové, Ceské Bedejovice, Usti nad Labem.

In der SSR: Bratislava, Kosice, Banská Bystrica.

Der räumlichen Streuung der Industrie folgte in den fünfziger Jahren auch die Dezentralisierung der gesellschaftlichen Einrichtungen, bis hin zum Bau von Kulturhäusern in den Dörfern. Allerdings wurde der Wohnungsbau in den ersten zwei Jahrzehnten nach dem zweiten Weltkrieg mit der Entwicklung der Industrie nicht ausreichend koordiniert.

Das hohe Industrialisierungstempo hat eine beträchtliche Vergrößerung des Anteils größerer Gemeinden bewirkt. Die Zahl der Gemeinden mit mehr als 2000 Ew stieg von 49 % im Jahre 1930, 54 % im Jahre 1961 auf 75,4 % im Jahre 1980 (vgl. dazu Abb. 8).

1.3.1.2 Historischer Abriß der städtischen Siedlungsentwicklung

In der Slowakei war das Wachstum der Städte in allen Bezirken gleichmäßig, während in den böhmischen Ländern die Gebiete der Kohlenförderung und der Schwerindustrie die größten Zunahmen verzeichneten. Das geringste Wachstum bzw. Stagnation wiesen insbesondere die kleineren Städte des Bezirkes Ostböhmen und des nordöstlichen Teiles des Bezirkes Nordböhmen auf. Über einen längeren Zeitraum wiesen die Städte mit 50.000 bis 100.000 Ew den relativ größten Bevölkerungszuwachs auf. Es ist jedoch zu erwarten, daß bis zum Jahr 2000 auch die Zahl der Städte mit mehr als 100.000 Ew erheblich zunehmen wird. Im Jahre 1980 gab es in der CSSR 7 Städte dieser Größenordnung; im Jahre 1984 kam Liberec dazu und man kann damit rechnen, daß bis zur Jahrtausendwende weitere 6 - 8 Städte diese Größenordnung erreichen werden.

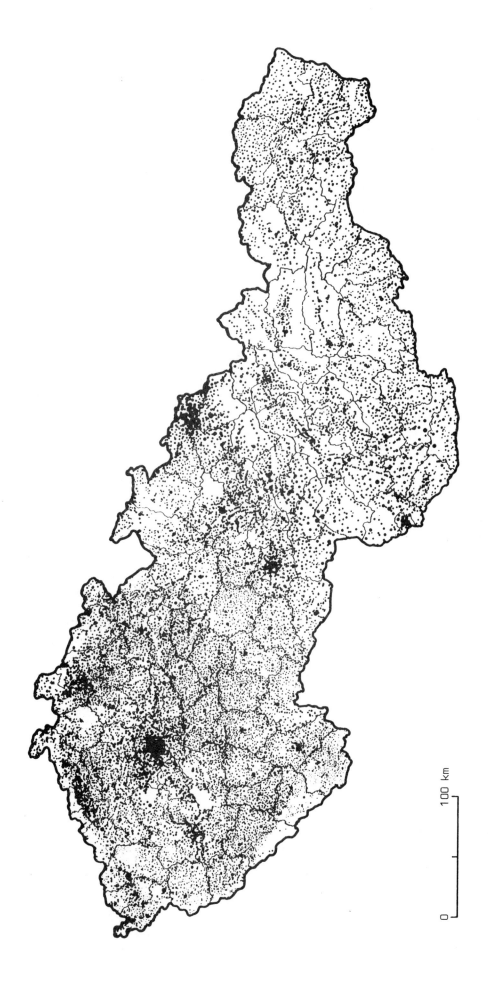

Abb. 8: Verteilung und Größe der Siedlungen in der ČSSR

In der CSSR gibt es insgesamt etwa 19.000 räumlich voneinander getrennte Siedlungen und Gemeinden, wobei ihre durchschnittliche Entfernung voneinander nur 2,5 km beträgt. Im Jahre 1980 hatten 43,2 % der Gemeinden der CSR weniger als 500 Ew (vgl. dazu Abb. 9-11).

Tabelle 7: Verteilung der Gesamtbevölkerung auf die verschiedenen Gemeindegrößen; Anteil der Siedlungen an der Gesamtbevölkerung im Zeitraum von 1921 bis 1980

Gemeindegröße	Verteilung der Gesamtbevölkerung des Staates					
	1921	1930	1950	1961	1970	1980
200	19,0	17,8	4,5	2,3	2,2	0,7
200- 499			14,1	10,3	9,5	5,1
500- 999	20,3	18,2	15,8	14,8	12,7	9,9
1.000- 1.999	17,6	16,6	14,3	15,1	11,4	11,6
2.000- 4.999	16,1	16,9	14,2	16,4	12,5	13,2
5.000- 9.999	7,8	7,5	7,4	8,6	8,3	8,7
10.000- 19.999	5,9	5,9	6,1	7,2	8,2	10,8
20.000- 49.999	4,2	5,5	6,7	7,2	7,5	11,3
50.000- 99.999	1,1	1,0	2,4	4,0	8,9	10,8
100.000	8,0	10,0	14,0	14,1	18,8	17,9

Quelle: Statisticke rocenky CSR a CSSR

Das Tempo des Urbanisierungsprozesses entsprach jedoch nicht dem Industrialisierungstempo, was zu enormen Arbeitspendlerwanderungen und zur Erhaltung der geringen Konzentration der Siedlungsstruktur führte.

Zur Förderung des gelenkten Urbanisierungsprozesses wurden bereits im Jahre 1962 2 Regierungsbeschlüsse gefaßt (Nr. 1024 und 1025). Der Zweck dieser Beschlüsse war es, den Wohnungsbau und den Bau von gesellschaftlichen Einrichtungen vorwiegend in die ländlichen Entwicklungszentren zu lenken. Weitere Regierungsbeschlüsse erfolgten dann in differenzierterer Weise. Der Regierungsbeschluß Nr. 100 vom Jahre 1967 gab Rahmenhinweise zur Aufstellung einer langfristigen Konzeption der Entwicklung der Siedlungsstruktur der CSSR, mit dem Ziel, durch konzentrierten Bau gesellschaftlicher Einrichtungen und technischer Infrastruktur eine solche Siedlungsstruktur zu entwickeln, die dem größten Teil der Bevölkerung eine optimale Umwelt und Lebensqualität gewährleistet. Gleichzeitig sollten auch die Industrie und die Landwirtschaft in größere Einheiten zusammengefaßt werden.

Abb. 9: Verteilung der Siedlungen mit bis zu 300 Einwohnern

bis 100 Einwohner

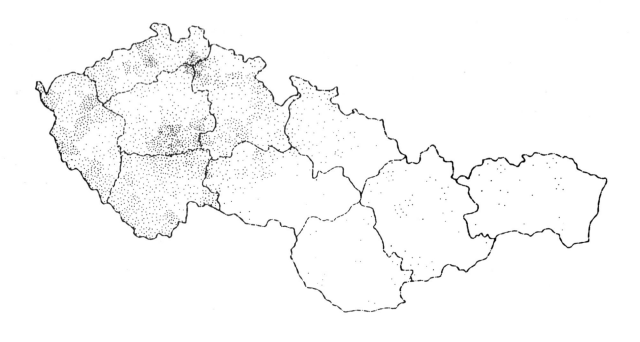

100 - 300 Einwohner

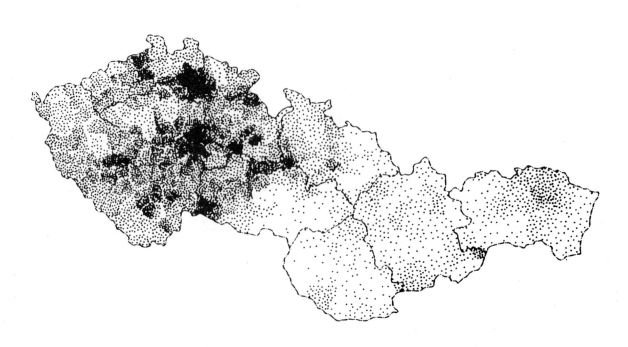

Abb. 10: Verteilung der Siedlungen mit 300–1.000 Einwohnern

300 - 500 Einwohner

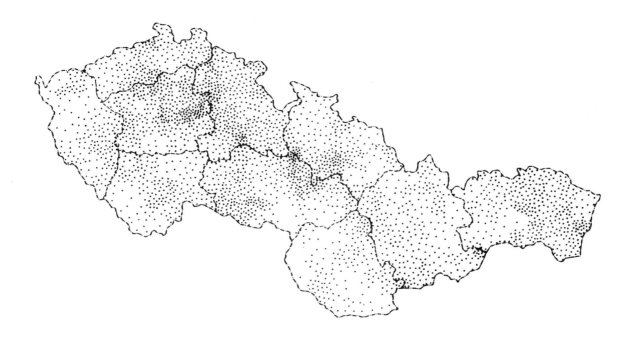

500 - 1000 Einwohner

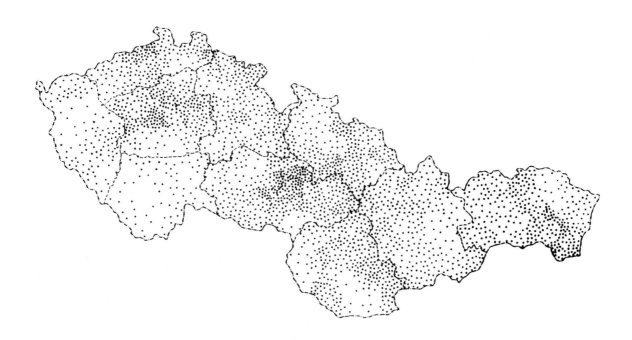

Abb. 11: Verteilung der Siedlungen mit 1.000–5.000 Einwohnern

1000 - 2000 Einwohner

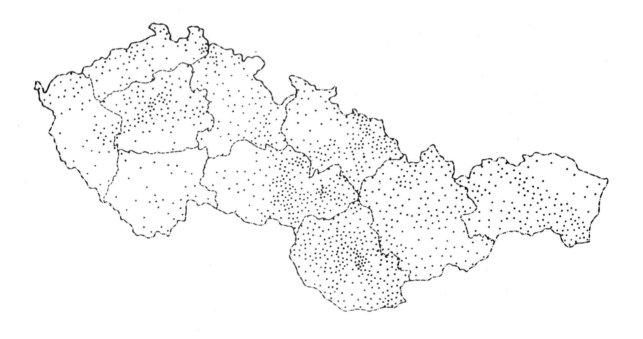

2000 - 5000 Einwohner

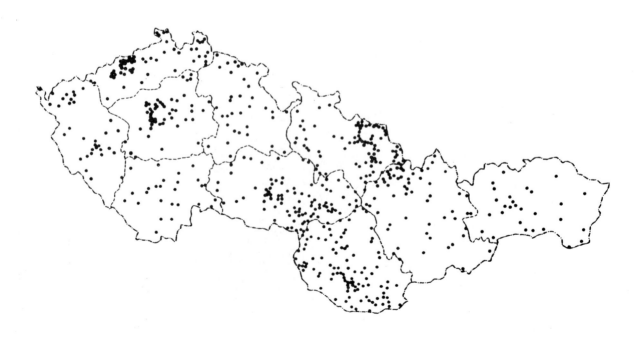

Die Konzeption zur Entwicklung der Siedlungsstruktur stützte sich auf ein dreistufiges System von Zentren örtlicher, überörtlicher und regionaler Bedeutung. Auch die nicht-zentralen ländlichen Siedlungen wurden in drei Gruppen kategorisiert: Siedlungen dauerhafter Bedeutung, Siedlungen vorübergehender Bedeutung und übrige wirtschaftlich unbedeutende Siedlungen.

Durch die Beschlüsse der beiden nationalen Regierungen (CSR Nr. 283/1971, SSR Nr. 1/1972) wurde die Auswahl der Zentren von überörtlicher Bedeutung bestätigt. Es wurden insgesamt 250 Zentren von überörtlicher Bedeutung (173 in der CSR und 77 in der SSR) ausgewählt, darunter auch einige, die gleichzeitig die Funktion eines regionalen Zentrums ausübten. Die Auswahl der örtlichen Zentren wurde dann im Jahre 1972 genehmigt. Außerdem wurden insgesamt 1.465 Zentren von örtlicher Bedeutung ausgewählt, davon 859 in der CSR und 606 in der SSR (vgl. Abb. 12).

Ende der sechziger und Anfang der siebziger Jahre begann man jedoch die Mängel und die statische Natur dieser Konzeption zu erkennen. Das System der Zentren, das zu Anfang der Bemühungen um die Umgestaltung der Siedlungsstruktur einen unbestrittenen Beitrag leistete, konnte nicht alle, sondern nur einige Probleme lösen, meistens nur die hierarchische Einstufung der gesellschaftlichen Einrichtungen und die Konzentrationen des Wohnungsbaus in ausgewählten Siedlungen.

Ungelöst blieben jedoch die Probleme der städtebaulichen und räumlichen Gestaltung der wichtigsten Ballungsgebiete, die mit ihren Einzugsgebieten allmählich zu eng verbundenen und verflochtenen sozial-ökonomischen Einheiten zusammenwuchsen. In der zweiten Hälfte der sechziger Jahre wurden diese Probleme zum Gegenstand mehrerer umfassender Forschungsarbeiten. Die regionalen Beziehungen wurden anhand der Raumentwicklungsschemen der Stadtregionen von Praha, Brno, Usti nad Labem (Aussig), Bratislava, u.a. untersucht.

Die erste Arbeit, die sich mit der Lösung dieser Probleme im großräumlichen Maßstab auseinandersetzte, waren die im Jahre 1970 erarbeiteten und im Jahre 1971 durch den Beschluß der Regierung der SSR Nr. 95/71 genehmigten Grundsätze der Konzeption der Hauptrichtungen der Urbanisierung der Slowakei. Diese Konzeption wurde zu einem Projekt für die Urbanisierung der Slowakei weiterentwickelt. Ausgehend von diesem Projekt, das im Jahre 1976 durch den Beschluß der Regierung der SSR Nr. 284 genehmigt wurde, wurden in der Slowakei 13 Stadtregionen und 60 subregionale Zentren als Schwerpunkträume der künftigen Urbanisierung ausgewiesen.

Abb. 12: System zentraler Siedlungen in der ČSSR

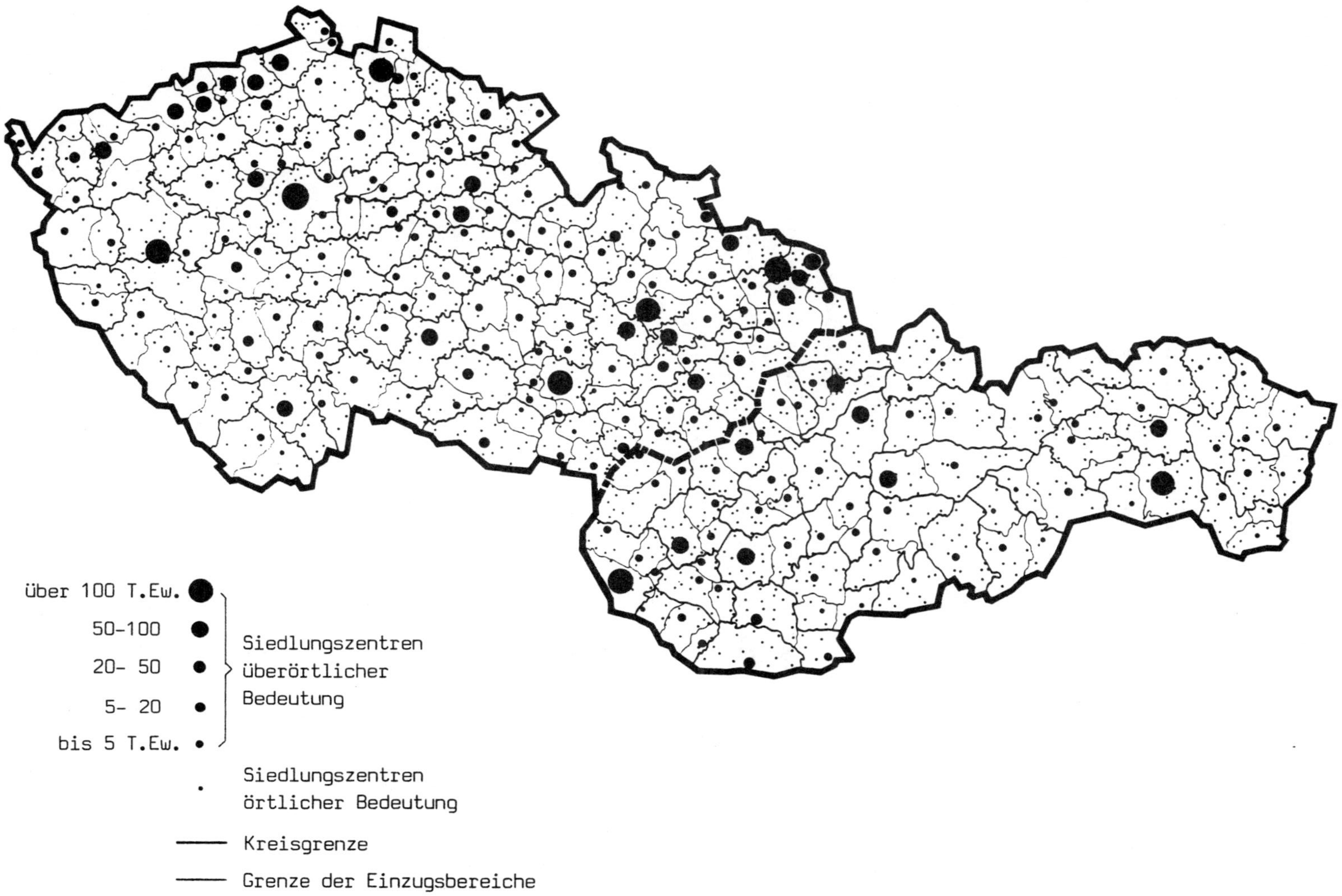

Ähnliche Studien wurden seit 1972 auch in der CSR durchgeführt. Im Jahre 1974 wurden die Grundsätze der Urbanisierung und der langfristigen Entwicklung der Siedlungsstruktur der CSR durch den Regierungsbeschluß Nr. 4/76 genehmigt. Nach diesen Grundsätzen wurden 12 Stadtregionen und 22 bedeutende Siedlungszentren als Schwerpunkträume der zukünftigen Urbanisierung ausgewiesen.

Die Konzepte für die Entwicklung der Siedlungsstruktur und der Urbanisierung der CSR und der SSR wurden nach 1970 weitgehend unabhängig voneinander erarbeitet. Daher zeigen sich im Aufbau, Inhalt und in der Terminologie Unterschiede. Zu Beginn der achtziger Jahre wurden die Urbanisierungskonzepte beider Republiken modifiziert und vereinheitlicht. Aufgrund der inzwischen in der CSR ausgearbeiteten und durch den CSR-Regierungsbeschluß Nr. 26/1983 genehmigten Konzeption der Urbanisierung und Entwicklung der Siedlungsstruktur der Bezirke wurden 11 Stadtregionen höherer Stufe mit 25 Kernstädten und 44 Nebenzentren als Schwerpunkträume der ökonomischen und sozialen Entwicklung ausgewählt. Außerdem wurden in der CSR 23 Stadtregionen niedrigerer Stufe mit 24 Kernstädten und 12 Nebenzentren abgegrenzt.

Liste der Stadtregion der ČSR, ihrer Kernstädte und zugeordneten Siedlungszentren.

Stadtregionen höherer Stufe von	Kernstädte	Zugeordnete Siedlungszentren
Prag-Mittelböhmen	Praha, Kladno	Beroun, Č. Brod, Brandýs, n. L. St. Boleslav, Mělník, Kralupy n. V., Neratovice, Říčany, Slaný
České Budějovice	Č. Budějovice	Týn n. V.
Plzeň	Plzeň	Dobřany, Nýřany Přeštice, Rokycany
Karlovy Vary-Cheb	Karl. Vary, Cheb, Sokolov	Aš, Chodov, Nejdek, Ostrov, n. O.
Ústí nad Labem-Chomutov	Ústí n. L., Most, Chomutov, Teplice	Bílina, Kadaň, Litvínov
Liberec	Liberec, Jablonec n. N.	Tanvald-Smržovka
Hradec Králové-Pardubice	Hr. Králové, Pardubice	Holice, Jaroměř, Chrudim, Přelouč
Brno	Brno	Blansko, Ivančice, Rosice, Slavkov, Tišnov, Vyškov, Židlochovice
Gottwaldov	Gottwaldov	Holešov, Hulin, Kroměřiž, Uh. Hradiště
Ostrava	Ostrava, Frýdek-Mistek, Karviná, Opava, Nový, Jičin-Kopřivnice	Bilovec – Studénka, Český, Těšin, Frenštát p. Radhoštěm, Třinec
Olomouc	Olomouc, Prostějov Přerov	Lipnik n. B., Šternberk

Stadtregionen niedrigerer Stufe von	Kernstädte	Zugeordnete Siedlungszentren
Kolín–Mladá Boleslav	Kolín, Kutná Hora	Čáslav
	Ml. Boleslav	Mnichovo Hradiště
Příbram	Příbram	–
Tábor	Tábor	–
Písek	Písek	–
Strakonice	Strakonice	–
Klatovy	Klatovy	–
Děčín	Děčín	–
Litoměřice	Litoměřice	Lovosice
Česká Lípa	Česká Lípa	Nový Bor
Varnsdorf	Varnsdorf	Rumburk
Trutnov	Trutnov	Úpice
Náchod	Náchod	N. Město n. M.
Ústí nad Orlicí	Ústí n. O.	Česká Třebová
Havlíčkuv Brod	Havlíčkuv Brod	–
Břeclav	Břeclav	–
Hodonín	Hodonín	–
Jihlava	Jihlava	–
Třebíč	Třebíč	–
Znojmo	Znojmo	–
Žďár nad Sázavou	Žďár n. S.	Nové Město n. M.
Šumperk	Šumperk	Zábřeh
Vsetín	Vsdetín	Rožnov, Val. Meziříčí

In der Slowakei wurde in derselben Zeit das Projekt der Urbanisierung aktualisiert. Dabei wurden 7 Stadtregionen höherer Stufe mit 9 Kernstädten und 14 Nebenzentren sowie 6 Stadtregionen niedrigerer Stufe mit 6 Kernstädten und 24 Nebenzentren abgegrenzt.

Liste der Stadtregionen der SSR, ihrer Kernstädte und zugeordneter Siedlungszentren.

Siedlungsregionen höherer Stufe von	Kernstädte	Zugeordnete Siedlungszentren
Bratislava	Bratislava	Pezinok, Senec, Šamorín, Malacky
Košice	Košive	Moldava
Pohronie	Bánská Bystrica-Zvolen	Brezno
Nordváh	Žilina	Čadca, Bytča, Martin
Šariš	Prešov	Sabinov
Obernitra	Nitra	Topolčany, Partizánské, Zlaté Moravce
Mittelváh	Trenčín-Dubnica	Nové Mesto nad Váhom

Stadtregionen niedrigerer Stufe von	Kernstädte	Zugeordnete Siedlungszentren
Trnava	Trnava	Hlohovec, Šala
Unternitra	Nové Zámky	Komárno
Obervách	Liptovský Mikuláš	Ružomberok
Novohrady	Lučenec	Rimavská Sobota
Zemplín	Michalovce	Vranov, Humenné, Snina, Kežmarok, Spišská Nová Ves

Aus dem neuen Urbanisierungskonzept geht hervor, daß in der CSR 42 % aller zentralen Siedlungen überörtlicher Bedeutung Bestandteil einer Stadtregion höherer oder niedrigerer Stufe sind, während 58 % ihre zentrale Funktion außerhalb der Stadtregionen ausüben. Von den zentralen Siedlungen örtlicher Bedeutung liegen 79 % außerhalb der Stadtregionen. In der Slowakei liegen 47 % der Zentren überörtlicher Bedeutung innerhalb und 53 % außerhalb der Stadtregionen.

1.3.1.3 Derzeitige Situation des städtischen Siedlungsnetzes

Der heutige Urbanisierungsgrad der CSSR ist noch immer durch die historisch entstandenen Unterschiede gekennzeichnet, die vor allem im Grad der Bevölkerungskonzentration in den Städten zum Ausdruck kommen. Im Jahre 1980 lebten in Städten mit über 10.000 Ew in der CSR 54,7 % der Bevölkerung, während in der Slowakei es nur 42,7 % waren. In Städten mit über 100.000 Ew lebten in der SSR 11,7 % der Bevölkerung, in der CSR 20,9 %, wobei die Slowakei im Vergleich mit manchen europäischen Ländern einen verhältnismäßig hohen Industrialisierungsgrad erreicht hat.

Trotz der Unterschiede im Urbanisierungsgrad zwischen der CSR und der SSR kann die Verteilung der Stadtregionen, sowohl der höheren als auch der niedrigeren Stufe, als relativ gleichmäßig bezeichnet werden.

Als Folge der stürmischen Entwicklung der Stadt Kosice in der SSR hat sich in den letzten 20 Jahren die Verteilung der großen Städte mit über 100.000 Ew ziemlich ausgeglichen. Auch den absoluten Mangel an Städten in der Größenordnung von 50.000 bis 100.000 hat die Slowakei sehr rasch überwunden und heute verfügt sie schon über 7 Städte dieser Größenordnung (im Vergleich mit 19 in der CSR) (vgl. Abb. 13).

Die Verdichtung des Netzes der Kernstädte von Stadtregionen macht sich besonders in Westböhmen und am Fuß des Erzgebirges (Stadtregionen Usti nad Labem-Chomutov und Karlsbad-Cheb und an der Grenze zwischen Mähren und der Slowakei bemerkbar; an der mährischen Seite zieht sich ein Band von Kernstädten von Ostrava - über Frydek-Mistek, Jicin, Valasske Mezirici, Vsetin, Gottwaldov, Uherske Hradiste und Hodonin - bis nach Breclav, und an der slowakischen Seite von Zilina - über Povazska Bystrica, Puchov, Dubnica, Trencin, Nove Mesto nad Vahom, Piestany und Trnava - bis nach Bratislava. In beiden zuletzt genannten Gebieten weisen die zu den erwähnten Städten gehörenden Kreise - mit wenigen Ausnahmen - die höchste Bevölkerungsdichte von 100 bis 175 Ew/km² auf; in der Umgebung von Ostrava und Bratislava über 175 Ew/km². Entlang der Elbe besteht ein etwas dünneres Band von Kernstädten: Trutnov, Hradec Kralove, Pardubice, Kolin, Kernstädte der Prager Stadtregion, Litomerice und Decin.

Als ausgeprägte Kernstädte von Stadtregionen höherer Stufe, die keinem Siedlungsband angehören, können in der CSR die Städte Plzen, Ceske Budejovice sowie Brno bezeichnet werden. Die Stadtregion von Olomouc grenzt an das urbanisierte Siedlungsband von Ostmähren an. In der Slowakei kann man die Kernstädte der Stadtregionen mehr oder weniger als solitäre Kernstädte von Stadtregionen betrachten. Die Stellung von einigen kann sich jedoch in der Zukunft ändern.

Abb. 13: Stadtregionen der ČSSR

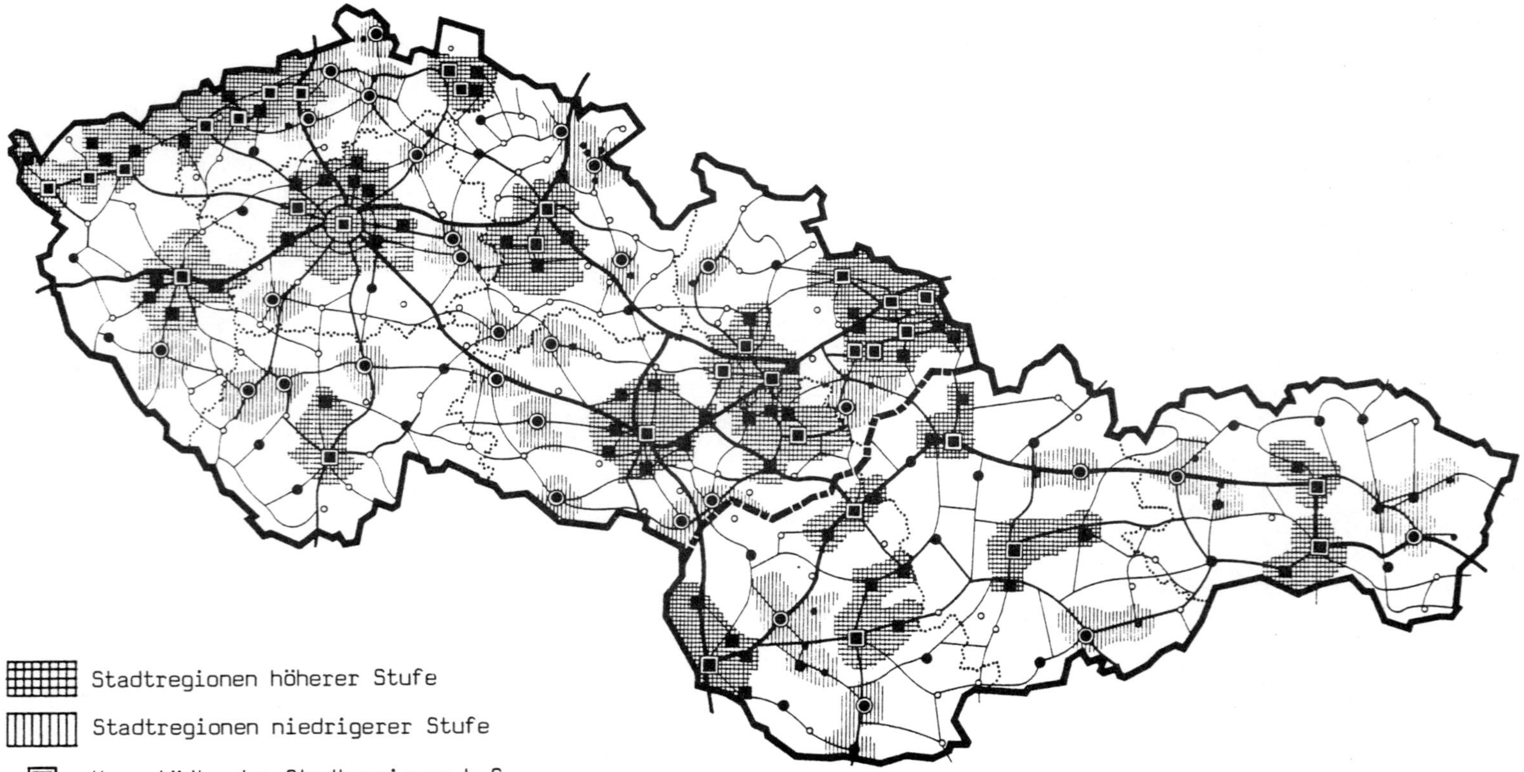

▦	Stadtregionen höherer Stufe
▥	Stadtregionen niedrigerer Stufe
⊡	Kernstädte der Stadtregionen h.S.
■	Zugeordnete Siedlungszentren
⊙	Kernstädte der Stadtregionen n.S.
●	Zugeordnete Siedlungszentren
•	Sonstige Kreisstädte
○	Sonstige Zentren überörtlicher Bedeutung
⋯	Bezirksgrenze
≡	Straßen

Die solitären Stadtregionen weisen in ihren Randgebieten oftmals eine dünnere Besiedlung auf. Die niedrigsten Bevölkerungsdichten gibt es in Südböhmen, in den böhmisch-mährischen Bergen, an der südlichen und nördlichen Grenze Mährens, in der mittleren Slowakei sowie in einigen Kreisen an der nördlichen und südlichen Grenze des Landes. Im allgemeinen handelt es sich um höher gelegene Gebiete mit rauherem Klima, mit wenig Industrie, ohne bedeutende Rohstoffbasis. Die Bevölkerungsdichte beträgt dort weniger als 60 Ew/km².

Die ökonomische Bedeutung der Kernstädte kann man den Tabellen 8 - 9 entnehmen, in denen die Angaben über Arbeitsplätze in den Kernstädten der Stadtregionen höherer Stufe zusammengestellt sind.

Diese Tabellen zeigen die Anteile der Kernstädte an den in der CSSR, der CSR und der SSR vorhandenen Arbeitsplätzen. So entfallen z.B. auf Prag 9,23 % aller Arbeitsplätze der CSSR und 12,93 % der CSR, auf Bratislava 3,14 % der Arbeitsplätze der CSSR und 10,98 % der Arbeitsplätze der SSR. Die kleinsten Anteile an der Gesamtzahl der Arbeitsplätze weisen folgerichtig die am wenigsten entwickelten Stadtregionen auf. Die Tabellen zeigen deutlich, daß die Konzentration der Arbeitsplätze in der Slowakei höher ist als in der CSR.

Mit der abnehmenden Bevölkerungszahl sinkt proportional auch die Zahl der im Ort wohnenden und dort gleichzeitig berufstätigen Einwohner. In einigen Städten mit spezifischem Charakter (wie Schlafstädte ohne Arbeitsplätze) entstehen oftmals besondere Situationen, wie z.B. in Most, Havirov und Litvinov, wo 48,9 %, 65,9 % bzw. 73,3 % der Bevölkerung Berufspendler sind.

Ungeachtet der unterschiedlichen Konzentration der Arbeitsplätze in den Kernstädten der Stadtregionen und des unterschiedlichen Umfanges des Ein- und Auspendelverkehrs, ist die Verteilung der Arbeitsplätze über das Staatsgebiet - im Vergleich mit anderen europäischen Ländern - weitgehend ausgeglichen. Solche Probleme wie bei der Entwicklung von Budapest, Wien, Athen oder Kopenhagen, oder die auffallenden Unterschiede zwischen den hochentwickelten und unterentwickelten Gebieten, die in Italien oder Jugoslawien auftreten, gibt es in der CSSR nicht. Die Intensität des Arbeitspendlerverkehrs in der CSSR entspricht ungefähr dem europäischen Durchschnitt.

Tabelle 8: Erwerbstätige Wohnbevölkerung der Kernstädte der Stadtregionen höherer Stufe in der ČSR

Stadt	in der Stadt erwerbstätige Wohnbevölkerung	Anteil der erwerbstätigen Wohnbevölker. an der Gesamtbevölk.	Zahl der Arbeitsplätze in der Stadt	Zahl der Arbeitsplätze je 100 Bewohner der Stadt	Anteil an der Gesamtzahl der Arbeitsplätze in der	
					ČSSR %	ČSR %
Praha	545 799	50,5	644 529	59,7	9,23	12,93
Brno	160 553	46,6	219 956	63,9	3,15	4,41
Ostrava	128 101	45,9	206 298	74,0	2,96	4,14
Karviná	23 089	30,3	35 840	47,1	0,51	0,72
Frýdek-Místek	13 128	33,5	22 624	57,8	0,32	0,45
Plzeň	69 340	46,8	100 855	68,1	1,44	2,02
Ústí n.L.	35 167	48,2	48 574	66,7	0,70	0,97
Teplice	19 392	38,2	30 403	60,0	0,44	0,61
Chomutov	16 550	41,4	22 240	55,7	0,32	0,45
Most	15 085	21,5	21 662	39,6	0,31	0,43
Hradec Králové	31 997	41,2	51 108	65,9	0,73	1,03
Pardubice	26 378	36,9	40 253	56,4	0,58	0,81
Olomouc	34 960	43,3	54 268	68,3	0,78	1,09
České Budějovice	37 800	48,8	52 535	67,9	0,75	1,05
Karlovy Vary	18 667	43,5	26 757	62,4	0,38	0,54
Sokolov	6 821	34,0	12 240	61,2	0,18	0,25
Cheb	12 137	47,9	15 380	60,7	0,22	0,31
Liberec	34 463	41,6	43 787	60,6	0,63	0,88
Gottwaldov	31 939	49,1	54 853	84,4	0,79	1,10

Tabelle 9: Erwerbstätige Wohnbevölkerung der Kernstädte der Stadtregionen höherer Stufe in der SSR

Stadt	in der Stadt erwerbstätige Wohnbevölkerung	Anteil der erwerbstätigen Wohnbevölker. an der gesamten Wohnbevölk. %	Zahl der Arbeitsplätze in der Stadt	Zahl der Arbeitsplätze je 100 Bewohner der Stadt	Anteil an der Gesamtzahl der Arbeitsplätze in der	
					ČSSR %	SSR %
Bratislava	155 463	50,8	219 484	71,7	3,14	10,98
Košice	64 607	44,7	103 008	71,3	1,48	5,15
Banská Bystrica	20 646	45,1	32 858	71,8	0,47	1,64
Zvolen	11 139	43,3	24 352	94,8	0,35	1,22
Prešov	17 464	31,7	35 649	64,9	0,51	1,78
Žilina	22 311	44,7	45 907	92,1	0,66	2,30
Nitra	17 610	35,4	35 035	66,6	0,47	1,65
Trenčín	12 111	34,9	25 739	74,3	0,37	1,29

Der Urbanisierungsgrad der außerhalb der Kernstädte liegenden Gebiete der Stadtregionen (Verdichtungsräume) ist in der CSSR im Vergleich mit den hochentwickelten Ländern Europas verhältnismäßig niedrig. Der relativ niedrige Urbanisierungsgrad der Stadtregionen in den sozialistischen Ländern, einschließlich der CSSR, ist vor allem darauf zurückzuführen, daß der Wohnungsbau vorwiegend in die Randgebiete der Kernstädte gelenkt wurde und der Anteil der Eigenheime am gesamten Wohnungsbau im Umland der Kernstädte verhältnismäßig klein war. Hinzu kommt die Tatsache, daß die Kernstädte der Stadtregionen in der CSSR relativ klein sind und keine nennenswerte Dekonzentrationstendenz aufweisen.

Die meisten Stadtregionen haben noch immer einen ausgeprägt monozentrischen Charakter. Dies gilt für die Hauptstädte der beiden nationalen Republiken – Praha und Bratislava –, für Brno, Kosice, Plzen, Ceske Budejovice, Presov und für einige weitere Kernstädte in der Slowakei, die jedoch entsprechend dem Projekt der Urbanisierung der Slowakei in der Zukunft einen anderen Charakter erhalten sollen, so z.B. Zilina (Sillein), Nitra.

Eine bizentrische Entwicklung zeigen die Stadtregionen von Hradec Kralove – Pardubice und Banska Bystrica – Zvolen.

Eine mehr polyzentrische Struktur weisen die Stadtregion Usti nad Labem – Chomutov und weniger stark die Stadtregion Karlovy Vary – Cheb auf. Als polyzentrisch können auch die Stadtregionen von Ostrava und von Olomouc angesehen werden. Außer den 3 angeführten Hauptformen von Stadtregionen entwickelten sich in der CSSR auch einige andere räumliche Formen der Siedlungsstruktur, die eher an die bandförmigen oder kettenförmigen Verdichtungsräume erinnern und die für die Stadtregionen von Gottwaldov (Gottwaldov – Otrokovice – Napajedla) und Liberec (Liberec – Jablonec – Smrzovka – Tanvald) und für das Siedlungsband am mittleren Vah, mit Trencin als Kernstadt charakteristisch sind.

1.3.2 Entwicklung des Städtebaus

Die räumliche Gestaltung böhmischer und slowakischer Städte wurde von den langen Stilepochen des Feudalismus, dem Zeitabschnitt des Kapitalismus sowie den Auswirkungen der funktionalistischen Ideen der Zwischenkriegszeit und dem durch massiven Einsatz industrieller Bauweisen gekennzeichneten sozialistischen Aufbau nach dem zweiten Weltkrieg geprägt. Die Bausubstanz der Städte bezeugt die Einflüsse aller dieser Epochen (z. B. Bild 1, 2 und 3).

Am Ende des 19. und am Anfang des 20. Jahrhunderts entstanden in den böhmischen Ländern als Folge des industriellen Aufschwungs neue von den alten Städten sich beträchtlich unterscheidende Typen städtischer Siedlungen. In den sich entwickelnden Industriegebieten, insbesondere in den Kohlefördergebieten, wuchsen die Städte, dehnten sich aus und wurden zu Keimen von Ballungsgebieten, die durch relativ hohe Einwohnerdichten, zunehmende Umweltverschmutzung und den allmählichen Verlust ästhetischer Qualitäten und Naturraumfaktoren gekennzeichnet waren.

Auf den Flächen, die an die historischen Stadtkerne angrenzen, wurden in großem Maße geschlossene Baublöcke von mehrgeschossigen Mietshäusern gebaut. Am Stadtrand dagegen entstanden aufgrund von Parzellierungsplänen Einfamilienhausgruppen mit geringer Einwohnerdichte.

Die Flächennutzung im Stadtzentrum begann sich zu ändern, was einen beträchtlichen Umbau zur Folge hatte. Da die meisten Stadtzentren mit den historischen Stadtkernen identisch waren, kam es dabei manchmal zur Zerstörung der historisch wertvollen architektonischen und städtebaulichen Ensembles.

In einigen Städten wurden in der Zwischenkriegszeit die ersten modernen, geschlossenen städtebaulichen Einheiten errichtet. Dies geschah zumeist aus schöpferischer Initiative einiger hervorragender Persönlichkeiten (Praha, Brno, Gottwaldov, Hradec Kralove), wie z.B. das Konzept der städtebaulichen Gestaltung des Wohnviertels Dejvice in Praha von Engel (1923), der Regulierungsplan für Brno von Fuchs und Kumpost (1927), der Aufbau von Hradec Kralove nach Regulierungsplänen von Gocar (1928, 1935), die Planungsstudie des Gross-Zlins von Le Corbusier (1934) und der Stadtplanung von Gross-Zlin von Gahura (1935). Ausnahmsweise – im Zusammenhang mit dem Industriebau – wurden damals auch einige Städte planmäßig gegründet (Sezimovo Usti, Partizanske, Svit) (z. B. Bild 4).

Bild 1: Böhmisch Budweis – Stadtplatz

Bild 2: Kaschan – Stadtkern und spindelförmiger Stadtplatz

Bild 3: Franzensbad – Bebauung aus dem 19. Jahrhundert

Bild 4: Gottwaldov – zwischen den Weltkriegen als Gartenstadt geplant

Nach dem zweiten Weltkrieg wurde die Konzeption der funktionellen und der räumlichen Entwicklung der Städte vorerst den zwei Hauptzielen Industriebau und Wohnungsbau untergeordnet. Neue Industriebetriebe wurden an Stadträndern oder in der freien Landschaft, im Außenbereich oft gleichzeitig mit den Werksiedlungen gebaut. Erst später wurde der Wohnungsbau in geschlossene Wohnkomplexe an Stadträndern konzentriert. Teilweise waren die neugebauten Wohnkomplexe größer als die alte Stadt, der sie oftmals ohne entsprechenden funktionellen oder gestalterischen Zusammenhang zugeordnet wurden. In den fünfziger Jahren wurde der Wohnungsbau vorzugsweise in den Kohlerevieren gefördert, wo viele neue städtische Wohnsiedlungen entstanden (Bild 5).

Die neuen städtebaulichen Einheiten bestehen zumeist aus halboffenen oder meanderförmigen Baublöcken und haben in der Regel eine klassizistische Anordnung - mit Achsen, Hauptstraßen und Plätzen. Sie bieten insoweit eine dem menschlichen Maßstab entsprechende und heimisch wirkende Umwelt, besonders dort, wo die gesellschaftlichen Einrichtungen - Geschäfte und Dienstleistungen - in der Erdgeschoßzone der Wohnbebauung untergebracht und die Wohngebäude mit den gesellschaftlichen Einrichtungen durch Grünflächen verbunden sind.

In den sechziger Jahren überwog der Bau von komplexen Wohngebieten auf den unbebauten Flächen am Stadtrand. Es erfolgte dabei eine lockere Bebauung mit in Grünflächen nach Besonnungsanforderungen angeordneten Gebäuden. Der Bau von dezentralen Einzelgebäuden für gesellschaftliche Einrichtungen führte hier nur selten zur Herausbildung eines für die Förderung der traditionellen gesellschaftlichen Kontakte geeigneten Stadtraumes. Die Wiederholung der Wohngebäudetypen hatte oft Uniformität und Monotonie der Wohngebiete zur Folge. Um diese Monotonie zu überwinden, mußte sowohl im Ausdruck als auch in der Disposition von Wohngebäuden eine größere Vielfalt erreicht werden - insbesondere spezielle Haustypen und ihre regionalen Modifikationen, die die jeweilige Eigenart der Stadtgestaltung zum Ausdruck zu bringen und örtlichen technologischen Bedingungen besser zu entsprechen hatten (Bild 6).

Gleichzeitig wurde auch der individuelle Bau von Eigenheimen eingeleitet, vorerst in Form von freistehenden Einfamilienhäusern und später in Form von Reihenhäusern und Gruppenwohnsiedlungen.

Bild 5: Haviror – Stadtplatz

Bild 6: Prag - Siedlung Pankréc

Durch die neu entwickelten Wohngebäudetypen mit variablen Höhen und Maßstäben wurden wenigstens Voraussetzungen für eine wirkungsvollere Gestaltung der Straßenräume, des Stadtbildes und der Verbindung der neuen und der alten Bebauung geschaffen.

Der Bau von großen Wohngebieten an den Stadträndern hat zweifellos zur Vergrößerung der Wohnbausubstanz und - dank des hohen Ausstattungsstandards der neugebauten Wohnungen - auch zur Erhöhung des durchschnittlichen Wohnstandards wesentlich beigetragen. Der allgemein bevorzugte Wohnstandard auf den freien Flächen führt jedoch zwangsläufig zur baulichen Stagnation und folglich auch zu einer gewissen Verödung der älteren Stadtteile. Diese Entwicklungstendenz, die zur Vernachlässigung der alten Stadtviertel führte, bewirkte auch Veränderungen in der Sozialstruktur der Städte, die das Entstehen von Disproportionen zwischen den alten und den neuen Stadtteilen beschleunigten.

In den Städten wurde wichtiger Bedarf nicht völlig befriedigt, z.B.

- der Bedarf an gesellschaftlichen Einrichtungen, da diese in den Neubauwohngebieten an Stadträndern unvollständig und manchmal verspätet gebaut und in Altbaugebieten ungenügend erhalten und nicht der Entwicklung der Gesellschaft entsprechend erneuert wurden;

- der Bedarf an Verkehrseinrichtungen, die im Zusammenhang mit den Neubaumaßnahmen größer und in den alten Stadtteilen, insbesondere in den Stadtzentren, auch komplizierter wurden;

- der Bedarf an kommunikationsfördernden Stadträumen, die in den Neubauwohngebieten entweder überhaupt nicht oder ungenügend entwickelt und in den Stadtzentren dem Wachstum der Stadt nicht entsprechend erhalten und modernisiert wurden.

Die Vernachlässigung der Erhaltung und Erneuerung der alten Bausubstanz und der verzögerte Bau gesellschaftlicher Einrichtungen traten insbesondere in den Stadtzentren, also an Stellen der höchsten Attraktivität und Besucherfrequenz in Erscheinung.

Einen Sonderfall stellten die Rekonstruktionen der einzelnen Denkmale und Denkmalbereiche, insbesondere der historischen Kerne der unter Denkmalschutz stehenden Städte dar. Bereits in den fünziger Jahren wurde der Kulturwert der historischen Stadtkerne als einmalige städtebauliche Denkmalbereiche erkannt. Mehrere Stadtkerne wurden durch Erneuerung der Baublöcke, Rekonstruktion der durchlaufenden Stirnwände von Plätzen und Straßen, oder durch Wiederherstellung der ursprünglichen Form (z.B. Nove Mesto nad Metuji) im Sinne der Denkmalpflege beispielhaft in Stand gesetzt, einschließlich der Modernisierung der Wohnbausubstanz und der gesellschaftlichen Einrichtungen, in erster Linie des Handels und der Kultur. Mehrere Denkmalbereiche und Objekte wurden allmählich als bedeutende Elemente der Stadtzentren für Zwecke der Repräsentation, der Kultur, des Hotelwesens oder des Gesundheitswesens rekonstruiert.

Die wachsenden gesellschaftlichen Forderungen an die Stadtzentren führen zwar zur allmählichen Verlagerung des Kraftverkehrs aus dem Stadtzentrum auf die meistens an seiner Peripherie verlaufenden Hauptverkehrsstraßen, die gleichzeitige Einrichtung von Fußgängerzonen erfolgt oft eher als administrative Maßnahme ohne entsprechende Aufwertung der gesellschaftlichen Bedeutung der Fußgängerzone und ihres kulturellen Ausdrucks. Die Erneuerung der Wohnbausubstanz und der Neubau räumlich anspruchsvoller Einrichtungen machen sowohl den Abriß, die Modernisierung und den Umbau der alten Bausubstanz, als auch den Neubau von Anlagen und Einrichtungen (z.B. Kaufhäuser) erforderlich; die letzteren können vorteilhaft in der Übergangszone zwischen dem historischen und dem neuen Teil des zentralen Bereiches untergebracht werden.

Trotz der quantitativ zweifellos positiven Ergebnisse des Städtebaus der Nachkriegszeit, der zur Lösung der Wohnungsfrage wesentlich beigetragen hat, ist die Gestaltung und Wirkung der Stadträume unter ästhetischen Gesichtspunkten noch vieles schuldig geblieben. Vor allem fehlt es an der Unverwechselbarkeit des städtebaulichen und architektonischen Ausdruckes und am Maßstab der Gebäude; meist ist die Erdgeschoßzone wenig ausgeprägt und die Gestaltung der umliegenden Grünanlagen wenig überzeugend.

Für die radikale Veränderung des Stadtbildes der tschechoslowakischen Städte sind vor allem die großen an den Stadträndern neu gebauten Baukomplexe verantwortlich, die in das Stadtbild neue - mit der früheren Stadtgestalt unvergleichbare - Maßstäbe von Baumassen hineingebracht haben. Am auffallendsten waren diese Veränderungen dort, wo große Industrieobjekte mit entsprechenden technischen Anlagen gebaut wurden. Diese ungünstige Wirkung machte sich auch bei Neubauwohngebieten bemerkbar, da es nur selten gelang, sie durch geeignete Standortbestimmung und Gestaltung der Altbebauung harmonisch zuzuordnen und in die umliegende Landschaft organisch einzufügen.

1.3.3 Entwicklung der Funktionen in den Städten

Wohnen

Nach dem zweiten Weltkrieg wurden in der CSSR mehr als 3 Millionen neue Wohnungen gebaut, in denen heute fast zwei Drittel der Bevölkerung leben. Im Gegensatz zu den kapitalistischen Ländern, wo der Bau von Einfamilienhäusern im ländlichen Umland der Städte vorherrscht, wurde der Wohnungsbau in den sozialistischen Ländern vorwiegend in mehrgeschossigen am Stadtrand gelegenen Wohngebieten oder Wohnsiedlungen realisiert.

Mit 8,14 neugebauten Wohnungen je 1000 Ew pro Jahr war die CSSR im Zeitraum von 1970 - 1981 an 5. bzw. 6. Stelle in Europa. Die neugebauten Wohnungen haben ein relativ hohes technisches Ausstattungsniveau. Fast 100 % der neugebauten Wohnungen in Mehrfamilienhäusern werden zentral beheizt und mit Warmwasser versorgt. Stellenweise treten jedoch Probleme des Anschlusses an die öffentliche Wasserversorgungs- und Abwasserableitungsnetze auf. Die Vielfalt der Wohnungs- und Haustypen hat sich zwar in den letzten 20 Jahren vergrößert, entspricht jedoch noch immer nicht den Bedürfnissen der einzelnen Haushaltstypen verschiedener Sozialgruppen, noch den unterschiedlichen städtebaulichen Bedingungen. Das Wohnen von jungen Einzelpersonen und jungen Paaren in kleineren Wohnungen ist noch immer nur beschränkt möglich.

Die Appartmenthäuser, die sehr gefragt sind, konnten bisher nicht im erforderlichen Umfang gebaut werden. In den letzten Jahren wurden jedoch spezifische Wohnformen für behinderte und alte Menschen entwickelt und gefördert. Die Wohnungen für alte Menschen wurden in einem Umfang von 2,3 WE pro 1000 Ew, die Altersheime im Ausmaß von 3,6 Plätzen (Einheiten) pro 1000 Ew gebaut. Die Qualität der Planung und der Baudurchführung dieser Objekte ist im Durchschnitt gut, das Angebot kann aber die hohe Nachfrage nicht befriedigen.

Über 40 % der in der CSR registrierten Wohnungen wurden vor 1945 gebaut. In den zentralen Bereichen der Städte überwiegen Wohnhäuser, die älter als 100 Jahre sind. Der Verschleiß ist jedoch beträchtlich, da die technische Ausstattung dieser Wohnungen sehr veraltet ist. In der Slowakei, wo in Folge des intensiveren Wohnungsbaues die vor 1945 gebauten Wohnhäuser nur 20 % der gesamten Wohnbausubstanz darstellen, ist die Situation besser.

Gesellschaftliche Einrichtungen

Mit dem Wohnungsbau hängt auch der Bau gesellschaftlicher Einrichtungen eng zusammen. Dieser Zusammenhang wird dadurch belegt, daß viele früher in der Wohnung stattfindenden Tätigkeiten von neuen gesellschaftlichen Einrichtungen übernommen wurden. Das gilt z.B. für die Entwicklung der Vorschuleinrichtungen, da seit den fünfziger Jahren die Zahl der Kinder, die Kindergärten besuchen, auf das Doppelte und die Zahl der Kinder, die in Kinderkrippen betreut werden, auf das Zehnfache gestiegen ist. Die rasche Entwicklung des gesamten Schulwesens erfolgte einerseits durch den Bau neuer Schulen und andererseits durch die Reorganisation des Schulsystems. Bei den Einrichtungen für Kultur und Erziehung wiesen einige Aktivitäten eine Zunahme auf, z.B. Lehrkurse, Besuche von Konzerten, Galerien und Museen, während andere, z.B. Theater- und Kinobesuch, unter dem Einfluß des Fernsehens einen Rückgang erfuhren. Die Sportflächen wurden größer, die Anzahl der Geschäfte nahm ab, die Geschäftsfläche jedoch nahm infolge des Baus größerer Einzelhandelseinrichtungen zu.

Gemessen an der Fläche und an der Zahl der Angestellten je 1000 Ew, sind die Städte in den Größenkategorien von 10.000 bis 20.000 und von 20.000 bis 50.000 am besten mit gesellschaftlichen Einrichtungen ausgestattet. In Städten mit über 100.000 Ew sind die Kultur- und Bildungseinrichtungen am stärksten vertreten.

Erholung und Freizeit

Die meisten Städte und Siedlungen der CSSR liegen in Gebieten, die gute Voraussetzungen für die Entwicklung des Erholungswesens bieten. In der CSR liegen 60 % aller Siedlungen mit mehr als 2.000 Ew und in der SSR über 80 % aller Siedlungen mit mehr als 10.000 Ew in Gebieten mit günstigen Bedingungen für langfristige und folglich auch kurzfristige Erholung und Fremdenverkehr.

Der größte Bedarf an kurzfristigen Erholungsmöglichkeiten besteht in den Stadtregionen höherer Stufe, in denen mehr als 60 % der Bevölkerung der CSR leben. Der Naherholungsverkehr am Wochenende überschreitet teilweise die optimale Entfernung von 50 - 60 km, was sowohl auf die Überbelastung der stadtnahen Erholungsgebiete, als auch auf die zunehmende Motorisierung zurückzuführen ist.

Die niedrigere Wohnqualität in den Städten, insbesondere hinsichtlich des äußeren Wohnumfeldes, führte im großen Umfang zum Bau von Wochenendhäusern in der freien Landschaft, mit einer Verunstaltung des Landschaftsbildes und weiteren Problemen als Folge. Die Flucht der Städter ins Grüne wird auch durch die mangelhafte Ausstattung der Innenstädte mit Erholungseinrichtungen des täglichen Bedarfs hervorgerufen. Die Entwicklung von Wochenendsiedlungen ist auch darauf zurückzuführen, daß es in attraktiven Erholungsgebieten für eine individuelle Erholung nicht genug Einrichtungen gibt.

Gewerbe und Industrie

Seit 1945 wurden in der CSSR etwa 2.400 neue Industrieanlagen in Betrieb genommen und die meisten alten Werke wurden renoviert. In der CSSR gibt es mehr als 10.000 räumlich voneinander getrennte Industrieanlagen mit mehr als 10 Beschäftigten. Obwohl sich die durchschnittliche Betriebsgröße infolge der Konzentration der verstaatlichten Betriebe im Vergleich zu 1930 verdreifachte, ist die Industrie, besonders in der CSR, noch immer auf eine große Anzahl von Klein- und Mittelbetrieben verteilt. Dagegen ist in der Slowakei, wo die Industrie erst in der Nachkriegszeit angesiedelt wurde, die Konzentration in zentralen Anlagen viel größer.

Der wichtigste in den Städten der CSSR vertretene Industriezweig ist der Maschinenbau, in dem fast 40 % aller in der Industrie Beschäftigten tätig sind und der etwa 30 % der gesamten Industrieproduktion der CSSR umfaßt. Die Verbrauchsgüterindustrie, die vor dem zweiten Weltkrieg dominierend war, ist heute mit etwa 33 % an der gesamten Industrieproduktion beteiligt.

Die Entwicklung der städtischen Industriegebiete blieb im beträchtlichen Ausmaß an die älteren Industriebetriebe gebunden. Diese Betriebe, von denen manche noch in der Zeit der Österreichisch-Ungarischen Monarchie in einer günstigen Lage und Proportion zu den Städten gegründet wurden, haben sich seit der Jahrhundertwende auf das Neunfache vergrößert und sind mit den heutigen Betriebs- und Umweltqualitätsansprüchen in Konflikt geraten. In 100 der 263 ehemaligen Kreisstädte ist die Industrie auf mehrere Standorte verstreut. Insgesamt sind die Industrieflächen im Verhältnis zu den bebauten Gebieten der Städte sehr groß und ihre räumliche Streuung trägt wesentlich zu Betriebsstörungen und zur Verschlechterung der Umweltbedingungen in den Städten bei.

Verkehr

Die wirtschaftliche Entwicklung, der steigende Lebensstandard und die sich ändernde Lebensweise haben auch in der CSSR sowohl das Personen- als auch das Güterverkehrsaufkommen stark beeinflußt. In den zwei letzten Jahrzehnten war insbesondere das Wachstum der Motorisierung beträchtlich. Im Jahre 1965 machten die PkWs lediglich 28 % der Gesamtzahl der Kraftfahrzeuge aus, im Jahre 1982 bereits 83 %. Im Jahre 1982 war der Motorisierungsgrad 1 Pkw/6,4 Ew (in Praha 1 Pkw/4,2 Ew).

Das stetig wachsende Verkehrsaufkommen erforderte eine schrittweise Konzentration des Verkehrs auf ein differenziertes Staßennetz, zunächst auf das Hauptstraßennetz. Dieses ist jedoch noch nicht voll entwickelt. Die bestehenden Abschnitte sind teilweise überbelastet und der Verkehr verteilt sich deshalb auf die Straßen des Nebennetzes. Die Situation wird dadurch zusätzlich kompliziert, daß auch Straßen in den historischen Stadtkernen noch dem Verkehr dienen. Deswegen wurde seit den sechziger Jahren die Renovierung des Hauptstraßennetzes in den bebauten Gebieten der Städte in Angriff genommen, vorzugsweise dort, wo es notwendig war die Stadtzentren und andere Stadtteile durch die Anlage von Tangenten vom Durchgangsverkehr zu befreien und die am stärksten überlasteten Ausfallstraßen - insbesondere die Zubringer zur Autobahn oder zu Straßenzügen des Hauptnetzes - zu entlasten. Diese

Verbesserungsmaßnahmen erfolgten schrittweise unter dem Druck des ständig wachsenden Verkehrs und der Notwendigkeit, die weitere Verschlechterung der Umweltqualität aufzuhalten.

Als ungünstig muß die Situation des ruhenden Verkehrs bezeichnet werden. Die Abstellflächen sind meistens ebenerdig, nehmen riesige Flächen in Anspruch und beeinträchtigen die Umweltqualität, insbesondere in den Wohngebieten. In großen Städten wurden bereits Randparkplätze errichtet, die ein Park-and-Ride-System ermöglichen.

Am schnellsten wuchs jedoch das Verkehrsaufkommen im ÖPNV, wo die Zahl der beförderten Personen, insbesondere der Berufspendler, im Zeitraum 1970 - 1980 um 50 % zunahm.

Im ÖPNV war in den sechziger Jahren die Tendenz spürbar, die Oberleitungsbusse und im kleineren Maße auch die Straßenbahn schrittweise durch Busse zu ersetzen. Die rapide Steigerung der Erdölpreise in den siebziger Jahren brachte jedoch eine Wende und führte zur neuerlichen Einführung der Oberleitungsbusse.

Der Anteil der Eisenbahnen an dem täglichen Pendlerverkehr nimmt seit den sechziger Jahren in Folge der steigenden Motorisierung ständig ab und diese Tendenz dauert noch immer an. Durch eine teilweise Verbesserung der Eisenbahneinrichtungen, insbesondere was die technische Ausstattung und die Einrichtungen für Fahrgäste betrifft, versucht man dem entgegenzuwirken.

Technische Infrastruktur
Im Vergleich zu anderen europäischen Ländern (Tabelle 10) hat die Ausstattung der Siedlungen der CSSR mit technischer Infrastruktur ein verhältnismäßig hohes Niveau. Dies beweist der hohe Anteil der an öffentliche Wasserleitungs- und Kanalisationsnetze angeschlossenen Wohnungen.

Tabelle 10: Anteil (%) der an öffentliche Wasserleitungs- und Kanalisationsnetze angeschlossenen Bevölkerung (1980)

Land	Wasserleitungsnetz		Kanalisationsnetz	
	insgesamt	in Städten mit über 5 000 Ew	insgesamt	in Städten mit über 5 000 Ew
ČSSR	70,3	96	58	91
Bulgarien	62	88	39	72
Ungarn	49	94	42	89
DDR	75	97	59	93
England	88	99	74	95
Dänemark	76	97	75	96
Österreich	68	96	51	88
Schweden	90	98	76	94
Schweiz	90	97	60	97
Frankreich	65	89	40	75

Quelle: M. Robiček, 1984.

Der Gasverbrauch stieg in derselben Zeit auf das 3,7-fache. Im Jahrzehnt 1970 - 1980 stieg der Anteil zentralbeheizter Wohnungen (einschließlich Etagenheizung) von 30,9 auf 56,8 %. Die Elektrifizierung aller Siedlungen der CSSR wurde zu Beginn der sechziger Jahre abgeschlossen. Die Anzahl der Telefonanschlüsse stieg in der CSR im Zeitabschnitt 1950 - 1980 auf das 5,7-fache, wobei die Nachfrage noch immer nicht befriedigt ist. Die organisierte Müllabfuhr wurde in den drei letzten Jahrzehnten wesentlich erweitert - von 24 % auf 60 % der Siedlungen. Trotzdem ist es nicht gelungen das Entstehen von wilden Deponien zu verhindern.

1.3.4 Siedlungsentwicklung auf dem Lande

Nach 1945 spiegelte die Bausubstanz der ländlichen Siedlungen sowohl die ausgeprägten sozialen Unterschiede bei der ländlichen Bevölkerung als auch die Rückständigkeit des Landes im Vergleich zu den Städten wider. Die Eigentumsverhältnisse an Produktionsmitteln und Boden bedingten erhebliche Unterschiede im Lebensstandard der einzelnen Klassen und sozialen Gruppen (Großgrundbesitzer, Großbauer, Mittelbauer, Kleinbauer, landwirtschaftliche Arbeiter, Tagarbeiter). Die in den zwanziger Jahren durchgeführte Bodenreform bewirkte nur geringe Veränderungen. Im Jahre 1930 entfielen 30 % der landwirtschaftlichen Nutzfläche auf Großgrundbesitz mit über 100 Hektar; dagegen entfiel weniger als ein Drittel der landwirtschaftlichen Nutzfläche auf drei Viertel der landwirtschaftlichen Kleinbetriebe mit weniger als 5 Hektar.

Der ländliche Raum der CSSR war durch Kleinbetriebe, agrarische Überbevölkerung und einem Defizit an verfügbaren Arbeitsplätzen gekennzeichnet. Auch das Gewerbe, das in Kombination mit der Landwirtschaft eine ergänzende und teilweise sogar die Haupterwerbsgrundlage darstellte, hatte den Charakter von Kleinbetrieben. Das Gewerbe bildete im ländlichen Raum als einzige Grundlage des Lebensunterhaltes eher eine Ausnahme, da sich die gewerblichen Familienbetriebe vielfach nicht halten konnten.

Meistens war die Landwirtschaft auch eine wichtige ergänzende Einnahmequelle des in den städtischen Industrie- und Dienstleistungsbetrieben beschäftigten Teiles der ländlichen Bevölkerung. Die Industrie bewirkte auch eine regionale Differenzierung der ländlichen Bevölkerung: in der Nähe von Städten und Industriezentren entwickelte sich ein spezifischer gemischter Dorftyp, wo ein beträchtlicher Teil der Bevölkerung Pendler waren, die jeden Tag ihrer Arbeit in der Industrie nachgingen. Die unzureichenden sozialen Bedingungen des größten Teiles der Landbevölkerung fanden auch in der Wohnbausubstanz ihren Niederschlag.

Das Wohnen auf dem Lande war außerdem mit Schwierigkeiten bei der Befriedigung der Grundbedürfnisse verbunden, wie z.B. Wasserversorgung, Heizung. Mit gesellschaftlichen Einrichtungen waren die Dörfer im Vergleich zu den Städten nur sehr schlecht ausgestattet. Die technische Infrastruktur der Dörfer war ebenfalls sehr schwach entwickelt; manche ländliche Siedlungen waren weder elektrifiziert noch an das Telefonnetz angeschlossen; öffentliche Wasserversorgung und Abwasserleitungsnetze waren eine Ausnahme.

Die soziale Lage des größten Teiles der ländlichen Bevölkerung verbesserte sich erst nach dem Jahre 1945. Zu den wichtigen Maßnahmen zu Gunsten der Landwirtschaft gehören die in drei Etappen von 1946 bis 1949 durchgeführten Bodenreformen (siehe Tabelle 11). Das Ziel der Bodenreformen war die Verwirklichung des Grundsatzes, daß der Boden denen gehört, die ihn bebauen. Die Bodenreform führte jedoch zur weiteren Zerstückelung des Bodenbesitzes und einer Zunahme der Kleinbetriebe. Die in der tschechoslowakischen Landwirtschaft am Ende der 40-er Jahre überwiegende Kleinbetriebsstruktur ist aus der Tabelle 12 ersichtlich.

Tabelle 11: Ergebnisse der in der ČSSR nach 1945 durchgführten Bodenreform

	Gesamtfläche des zugeteilten Bodens		durch		
	Ha	%	Enteignung	Revision d.ersten Bodenreform	Neue Bodenreform
Boden insgesamt	4 143 149	100	2 946 395	943 271	253 483
davon:					
Staatsgüter	426 440	10,3	186 232	150 208	90 000
Staatswälder	1 730 999	41,8	1 100 966	598 780	31 253
LPG	127 506	3,1	50 221	2 845	74 440
Kleinbauern	1 281 008	30,9	1 203 518	69 782	7 708
Gemeinden	577 196	13,9	405 458	121 656	50 082
Landwirtschaftliche Nutzfläche					
davon:					
Staatsgüter	426 074	19,9	185 866	150 208	90 000
Staatswälder	13 755	0,6	5 922	7 573	250
LPG	127 147	6,0	50 043	2 804	74 300
Kleinbauern	1 278 805	59,9	11 201 430	69 667	7 708
Gemeinden	290 017	13,6	207 755	40 040	42 222

Quelle: Ekonomický a sociální rozvoj Československa (Ökonomische und soziale Entwicklung der Tschechoslowakei), SSÚ-SEVT, S. 68, und eigene Bemerkungen des Verfassers.

Anfang 1949 machten die landwirtschaftlichen Betriebe mit bis 10 ha Nutzfläche 86,3 % aller Betriebe aus. Sie bewirtschafteten 46,3 % der gesamten landwirtschaftlichen Nutzfläche und 49,9 % der Ackerfläche. In der tschechoslowakischen Landwirtschaft gab es damals 1,5 Millionen Betriebe. Die Nutzflächen waren in 33 Millionen Parzellen mit einer durchschnittlichen Größe von 24 ar zerstückelt.

Die zersplitterte landwirtschaftliche Produktion war nicht imstande, den wachsenden Forderungen an Menge, Struktur und Qualität der landwirtschaftlichen Erzeugnisse gerecht zu werden. Die manuelle Arbeit überwog und der Anteil der in der Landwirtschaft beschäftigten erwerbstätigen Bevölkerung war überdurchschnittlich hoch: Im Jahre 1948 arbeiteten in der Landwirtschaft ständig 2.239.000 Personen.

Die Kollektivierung der Landwirtschaft war der Ausgangspunkt zur Rationalisierung der landwirtschaftlichen Produktion und der Umgestaltung der ländlichen Siedlungen. Der Prozeß der Kollektivierung setzte Anfang der 50-er Jahre ein und wurde in den Jahren 1959 - 1960 abgeschlossen. Die kollektiven Formen der Landwirtschaft entwickelten sich zuerst nach dem Grundsatz: eine Gemeinde - eine LPG. Bis zum Jahre 1959 wurden nach diesem Grundsatz 12.560 LPG gegründet mit einer Durchschnittsgröße von 364 ha landwirtschaftlicher Nutzfläche. Im folgenden Prozeß der Zusammenlegung der LPG verringerte sich allmählich ihre Anzahl unter gleichzeitiger beträchtlicher Steigerung ihrer Betriebsgröße.

Im Jahre 1985 gab es in der CSSR 1.686 LPG und 223 Staatsgüter. Eine LPG hatte im Durchschnitt 2.595 ha landwirtschaftlicher Nutzfläche und 1.939 ha Ackerfläche; ein Staatsgut hatte im Durchschnitt 6.260 ha Nutzfläche und 4.412 ha Ackerfläche.

Die Konzentration und Spezialisierung der landwirtschaftlichen Produktion brachten eine wachsende Veränderung und Differenzierung der wirtschaftlichen und funktionellen Bedeutung der einzelnen Siedlungen mit sich, die nach einer gewissen Zeit auch in den unterschiedlichen Tendenzen ihrer demographischen, städtebaulichen und baulichen Entwicklung niederschlugen.

Tabelle 12: Struktur der landwirtschaftlichen Betriebe in der ČSSR zum 1.3.1949

Größe der landwirtschaftlichen Betriebe in ha	landwirtschaftl. Betriebe		Ackerfläche		landwirtschaftl. Nutzfläche	
	Anzahl	%	ha	%	ha	%
bis 0,5	297 046	19,7	50 999	1,0	74 503	1,0
0,5 - 2	398 229	26,4	315 316	6,1	428 875	5,8
2 - 5	350 904	23,3	879 135	17,0	1 155 465	15,8
5 - 10	255 293	16,9	1 332 997	25,8	1 734 784	23,7
10 - 20	158 874	10,6	1 539 767	29,9	1 996 114	27,3
20 - 50	35 159	2,3	570 591	11,1	780 174	10,7
über 50	11 489	0,8	468 991	9,1	1 189 924	15,7
insgesamt	1 507 064	100,0	5 157 706	100,0	7 319 759	100,0

Quelle: Třicet let rozvoje zemědělství a potravinářského průmyslu v ČSSR (Dreißig Jahre der Entwicklung der Landwirtschaft und der Nahrungsmittelindustrie in der Tschechoslowakei), MZV ČSR, Prag 1975, S. 62.

Als Haupttendenz der Entwicklung von Anlagen und Einrichtungen der landwirtschaftlichen Produktion und der Dienstleistungen für die Landwirtschaft machte sich ihre Konzentration in wenigen am Siedlungsrand gelegenen Produktionszentren bemerkbar. Der allmähliche Rückzug der landwirtschaftlichen Produktionsbetriebe aus den Wohnbereichen der ländlichen Siedlungen führte dazu, daß in den Wohnbereichen lediglich die persönlichen (individuellen) Hofwirtschaften der Mitglieder der LPG, die Kleintierzucht, die Gärten usw. erhalten blieben. Die ländlichen Siedlungen werden so zunehmend zu Wohn- und Erholungssiedlungen.

Die neuen Formen der landwirtschaftlichen Großproduktion, die Mechanisierung und Automatisierung der Arbeitsprozesse und die Einführung des Schichtbetriebes führten zu einer beträchtlichen Verminderung der in der Landwirtschaft beschäftigten Arbeitskräfte. Die Großproduktionsformen bewirkten - ähnlich wie in den Städten - die Trennung der Arbeitsstätten von den Wohnstätten und riefen Pendlerwanderungen auf kürzere Entfernungen hervor (Bild 7).

Die mit der Steigerung der Arbeitsproduktivität verbundene Entwicklung der landwirtschaftlichen Großproduktion schuf Voraussetzungen für den Wechsel der freigewordenen Arbeitskräfte in die Industrie und die Dienstleistungen in den Städten. Es erfolgte auch eine beträchtliche Migration der ländlichen Bevölkerung in die Städte oder deren unmittelbaren Umgebung und näher zu den Arbeitsstättenzentren. Diese Migration führte zu einer wesentlichen Verminderung der Zahl der Bevölkerung der Siedlungen mit bis zu 5.000 Ew.

In dem Zeitabschnitt von 1950 bis 1980 wuchs die Bevölkerung der CSSR von 12,3 auf 15,3 Millionen, die Zahl der Gemeinden verringerte sich in dieser Zeit in Folge ihrer Zusammenlegung von 14.803 auf 7.500, wobei vor allem die kleinsten Gemeinden ihre Selbständigkeit verloren. Diese beiden Faktoren müssen bei der Bewertung der Veränderungen des Bevölkerungsanteils von Siedlungen mit bis zu 5.000 Ew in Betracht gezogen werden.

Bild 7: Dorf im böhmisch-mährischen Höhenzug

Tabelle 13: Anteile der Bevölkerung der Siedlungen verschiedener
Größenkategorien

Gemeinden nach Einwohnerzahl	% von der Gesamtbevölkerung des Staates			
	1950		1980	
	ČSSR	ČSSR	ČSR	SSR
bis 199	5,8	0,7	0,7	0,6
200 - 499	14,9	5,1	5,1	5,0
500 - 999	14,1	10,0	9,2	11,4
1000 - 1999	11,2	11,6	9,4	16,1
2000 - 4999	12,8	13,2	11,5	16,7
insgesamt	58,8	40,6	35,9	49,8

Quelle: Statistická ročenka (Statistisches Jahrbuch), Prag 1982, S.82.

Tabelle 14: Bevölkerungsstruktur der ČSSR nach Sozialgruppen

Sozialgruppe	% von der Gesamtbevölkerung der ČSSR	
	1970	1980
Arbeiter	58,2	57,7
davon in der Landwirtschaft	(3,6	4,1)
Angestellte	26,5	30,9
Mitglieder der LPG	9,0	8,3
selbständige Bauern	1,2	0,3
Mitglieder der Volksproduktionsgenossenschaften und sonstige	5,0	2,2

Quelle: Statistická ročenka (Statistisches Jahrbuch), Prag 1982, S. 96.

Aus den Tabellen 13 und 14 ist zu entnehmen, daß in der CSSR nur 13,2 % der Bevölkerung in der Landwirtschaft tätig sind, obwohl 40,6 % der Bevölkerung in Gemeinden mit bis 5.000 Ew leben. Das bedeutet, daß in Gemeinden mit bis 5.000 Ew auch 27,4 % der nichtlandwirtschaftlichen Bevölkerung leben. Kaum 1/3 der ländlichen Bevölkerung ist in der Landwirtschaft tätig. Damit hängt auch die zunehmende funktionelle Spezialisierung der ländlichen Siedlungen zusammen, aus der sich auch eine wachsende städtebauliche Differenzierung ergibt.

Ein wichtiger Schritt zur Rationalisierung der ländlichen Siedlungsstruktur war die vom Gesichtspunkt ihrer Entwicklungsperspektiven durchgeführte Kategorisierung der ländlichen Siedlungen in drei Gruppen von Siedlungszentren (Entwicklungszentren, stabilisierte Siedlungszentren und übrige Sieldungszentren örtlicher Bedeutung) und zwei Typen von nicht zentralen Orten (nichtzentrale Orte dauerhafter Bedeutung und übrige nicht-zentrale Orte). Diese Kategorisierung von Siedlungen soll vor allem eine rationellere Standortsbestimmung von Investitionen, eine effektivere Nutzung der Investitionsmittel und eine rationelle Organisation der gesellschaftlichen Einrichtungen und der Dienstleistungen gewährleisten (Abb. 14).

Im allgemeinen ist das ländliche Siedlungsnetz gekennzeichnet durch

- eine große Zahl relativ kleiner Siedlungen
- beträchtliche regionale Unterschiede: in Böhmen gibt es große Gebiete mit zahlreichen kleinen Siedlungen (mit 100 bis 1.000 Ew), während in der Slowakei die ländlichen Siedlungen relativ groß sind und 1.000 bis mehrere Tausend Ew erreichen;
- örtlich unterschiedliche und meistens sehr niedrige Einwohnerdichten in bebauten Gebieten - von 5 bis 80 Ew/ha;
- eine relativ kompakte Bebauung (auf zerstreute Hausgruppen und Einzelhäuser entfallen nur wenige Prozente der Bevölkerung)
- unbestrittene städtebauliche, landschaftliche, kulturhistorische und bauliche Werte;
- gute Erreichbarkeitsverhältnisse bei den meisten ländlichen Siedlungen dank ihres Anschlusses an das Straßennetz.

Abb. 14: Unterschiedliche Dichte des Siedlungsnetzes in der ČSSR

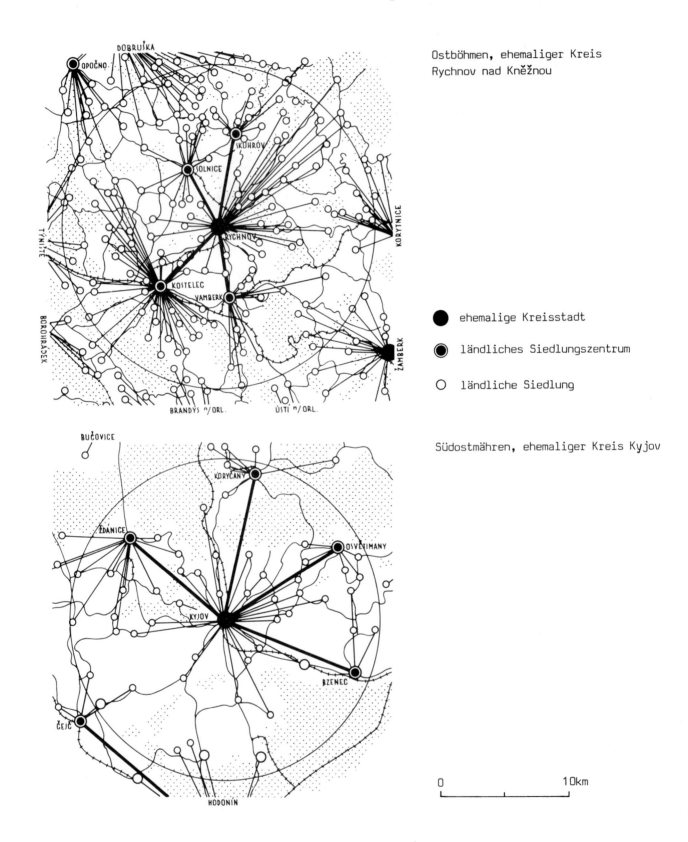

Ein wesentlicher Bestandteil der baulichen Entwicklung ländlicher Siedlungen stellte die Schaffung der elementaren gesellschaftlichen Einrichtungen dar, wie z.B. zur medizinischen Betreuung, Einkaufszentren und Kulturhäuser. Ein großer Teil dieser Einrichtungen wurde durch Selbsthilfe der Bevölkerung und mit Hilfe landwirtschaftlicher, teilweise auch industrieller Betriebe und gesellschaftlicher Organisationen gebaut.

Die Entwicklung der landwirtschaftlichen Großproduktion führte auch zu einer Angleichung der Löhne in der Landwirtschaft an die anderer Wirtschaftszweige. Zur Erhöhung des Lebensstandards der ländlichen Bevölkerung trug auch die gemischte Bevölkerungsstruktur bei, da die Mehrheit der ländlichen Bevölkerung in nichtlandwirtschaftlichen Bereichen arbeitet (vgl. dazu Tab. 15). Der höhere Lebensstandard der ländlichen Bevölkerung fand auch in der wesentlichen Verbesserung ihrer Wohnverhältnisse ihren Niederschlag. Im Hinblick auf einige Kennziffern (Wohnfläche/Ew., Abstellflächen und Nebenräume, Werkstätten, Keller, Garagen, Gärten usw.) erreicht schon heute das ländliche Wohnen einen höheren Standard als das Wohnen in den Städten. Charakteristisch für die ländlichen Siedlungen ist das in allen Sozialgruppen überwiegende Wohnen in Einfamilienhäusern (in modernisierten ehemaligen Bauernhäusern oder neugebauten Einfamilienhäusern) (vgl. Tabelle 16).

Der ländliche Raum, die ländlichen Siedlungen und die Landschaft werden zunehmend für die Erholung der städtischen Bevölkerung in Anspruch genommen.

Auch die freie Landschaft hat eine durchgreifende Umgestaltung erfahren. Vielfach hat sich in Folge der Flurneugestaltung insbesondere der Maßstab der Schlageinheiten vergrößert.

Tabelle 15: Haushalte nach Sozialgruppe des Wohnungsbesitzers und nach zuzuordnendem Gemeindetyp im Jahre 1980

Sozialgruppen	Gemeindetyp					
	städtische und in der Stadtregion liegende Gemeinden		ländliche Gemeinden		Gesamtzahl der Haushalte	
	Anzahl in 1000	%	Anzahl in 1000	%	Anzahl in 1000	%
Arbeiter	1146	66,9	567	33,1	1713	34,7
Angestellte	1228	82,9	254	17,1	1482	30,2
Mitglieder der LPG	54	20,5	209	79,5	263	5,4
Pensionisten	864	62,7	514	37,3	1378	28,1
insgesamt	3346	68,2	1563	31,8	4909	100,0

Quelle: Sčítaní lidu, domů a bytů (Volks-, Gebäude- und Wohnungszählung), 1980.

Tabelle 16: Haushalte nach Sozialgruppe des Wohnungsbesitzers, Typ des Wohnhauses und zuzuordnendem Gemeindetyp im Jahre 1980[1]

Sozialgruppe	rechtliche Grundlage der Wohnungsnutzung in %									
	Eigenheim		Eigentums-wohnung		Mietwohnung		Genossen-schaftsw.		andere Gründe	
	städt.	ländl. Gemeinde	st.	l. Gemeinde	städt.	ländl. Gemeinde	st.	l. Gemeinde	st.	l. Gemeinde
Arbeiter	28,5	79,6	2,8	3,3	47,1	13,3	19,6	2,6	2,0	1,2
Übrige Angestellte	21,5	72,7	2,5	3,9	49,4	16,6	24,3	3,0	2,3	3,8
Mitglieder der LPG	31,3	79,9	3,6	3,0	49,6	10,7	14,1	5,4	1,4	1,0
Pensionisten	36,8	87,7	5,0	5,8	50,6	5,7	6,7	0,3	0,9	0,5
insgesamt	23,5	81,2	3,3	4,2	49,2	10,9	18,2	2,3	1,8	1,4

1) Einzelbauer und sonstige, d.h. 73 000 Haushalte und 1,6 % aller Haushalte, sind nicht einbezogen.

Quelle: Bearbeitet von J. Ježek und A. Slapička aufgrund der Volks-, Gebäude- und Wohnungszählung, 1980.

Die alten Feldwege sind größtenteils verschwunden und viele Baumreihen, Feldremisen und Schutzgehege an Straßen, Wegen und Wasserläufen wurden beseitigt und die ehemaligen Raine mitbeackert. Im Rahmen der Flurbereinigung wurden auch viele Bäche begradigt oder in Rohre verlegt. Dies und die erhöhte Anwendung von chemischen Stoffen - insbesondere von Mineraldünger und Pestiziden - hatte eine ungünstige Beeinträchtigung der ökologischen Verhältnisse und der ästhetischen Werte der Landschaft zur Folge. Die Schaffung von riesigen Schlageinheiten der Ackerfläche trug auch zur Bodenerosion durch Wind und Wasser bei. Durch die Abtragung der Ackerkrume, die die Rückstände von chemischen Stoffen enthält, wurden auch Oberflächen- und Grundwasserquellen verschmutzt. Die Landwirtschaft ist für einen beträchtlichen Teil der Wasserverschmutzung verantwortlich.

Die räumliche Gestaltung der ländlichen Siedlungen und der Landschaft wurde auch durch die Differenzierung der Flächennutzung und durch das Ausmaß der neuen Bausubstanz beeinflußt. Die größten Veränderungen der räumlichen und funktionellen Struktur und des Ortsbildes sind in den zentralen Siedlungen zu verzeichnen. Von den nicht zentralen Siedlungen haben sich insbesondere diejenigen verändert, die die Funktion von landwirtschaftlichen Produktionszentren ausüben.

Entscheidend für die Veränderung der räumlichen Funktionsstruktur waren einerseits die Bauten für die kollektivierte landwirtschaftliche Großproduktion, andererseits die neuen Komplexe von Wohnhäusern. Durch ihre Größe bilden die Bauten der landwirtschaftlichen Großproduktion neue Dominanten und werden gleichzeitig zum Ausgangs- und Endpunkt des größten Teiles des im ländlichen Raum sich abwickelnden Verkehrs.

Neben dem überwiegenden Bau von Einfamilienhäusern wurden in vielen ländlichen Siedlungen auch 3, 4- und mehrgeschoßige Häuser städtischen Typs gebaut, die jedoch den Erfordernissen des ländlichen Lebens und Wohnens nicht angepaßt sind.

2. Die zukünftigen Entwicklungstendenzen der Siedlungsstruktur in der ČSSR

2.1 Die voraussichtliche Bevölkerungsentwicklung und ihre Folgen

In nahezu allen europäischen Ländern, sowohl den kapitalistischen als auch den sozialistischen, weist der natürliche Bevölkerungszuwachs eine sinkende Tendenz auf. In einigen Ländern ist die Geburtenziffer bereits so niedrig, daß die Bevölkerungszahl stagniert oder schrumpft (BRD, Dänemark, Luxemburg, Österreich, Großbritannien, DDR, Ungarn). Den höchsten natürlichen Bevölkerungszuwachs pro 1000 Ew. wiesen im Jahre 1982 Irland (10,9), Polen (10,2) und die UdSSR (8,9) auf. In der CSSR betrug der natürliche Bevölkerungszuwachs im Jahre 1982 3,5/1000 Ew.

Zur natürlichen Bevölkerungsentwicklung wurden in der CSSR für die Zeithorizonte 2000 und 2030 mehrere voneinander wenig abweichende Prognosen aufgestellt. Sie sind dadurch gekennzeichnet, daß sie umso pessimistischer ausfallen - je später sie im Zeitabschnitt 1980 - 1982 aufgestellt wurden.

Der Bevölkerungszuwachs wird sich voraussichtlich bis in die neunziger Jahre verringern, dann wird er in Folge der höheren Geburtenhäufigkeit in den siebziger Jahren wieder etwas zunehmen. In der Zukunft werden, ebenso wie heute, im böhmisch-mährischen Landesteil der Nordmährische Bezirk und in der Slowakei der Ostslowakische Bezirk die größten Bevölkerungszuwächse aufweisen. Im Mittelböhmischen Bezirk und in den größten Städten, besonders in Prag, ist mit dem geringsten natürlichen Bevölkerungszuwachs zu rechnen (vgl. Tabelle 17 und 18).

Tabelle 18 ist zu entnehmen, daß es um die Jahrhundertwende, trotz gewisser Migration, zur Stagnation der Bevölkerungszahl in Prag kommt, da aufgrund der natürlichen Bevölkerungsveränderung Prag bis 2000 einen Bevölkerungsverlust von 11 % verzeichnen wird.

Mit einem kleinen Bevölkerungszuwachs rechnet man in vier Bezirken der CSR (Nordböhmen, Südböhmen, Nordmähren und Südmähren), dagegen wird in der Slowakei mit einem viel größeren Zuwachs infolge der Migration, insbesondere in Bratislava, gerechnet.

Tabelle 17: Maximale und minimale Prognose der natürlichen Bevölkerungsentwicklung für die Jahre 2000 und 2030

Raum	Autor der Prognose	Bevölkerungszahl (in 1000) im Jahre	
		2000	2030
ČSSR	G.Sládek, Urbion 82		16 330
	G.Sládek, Urbion 82		17 450
	FSÚ 82	16 007	.
	UNO 82	16 839	.
ČSR	J.Müller, Terplan 82	10 300	9 500
	J.Jírovec, Terplan 82	10 814	11 800
SSR	A.Anderle, Terplan 82	5 683	.
	G.Sládek, Urbion 82	.	6 180
	G.Sládek, Urbion 82	.	6 600
	Urbion 82	5 637	.

Quelle: J. Pavlíček et al., Východiska a podmínky rozvoje urbanizace v ČSR (Ausgangspunkte und Bedingungen der Entwicklung der Urbanisierung in der ČSR), Prag - Terplan 1983, S. 57.

Tabelle 18: Bevölkerungszunahme (-abnahme) in den Jahren 1961-1980 und die bis 2000 erwartete Zu- bzw. Abnahme einschließlich Migration

Bezirk	1961-1970	1970-1980	1980-1990	1990-2000
Hauptstadt Prag	0,70	3,89	- 1,08	- 0,79
Mittelböhmen	- 0,01	1,64	- 0,03	- 0,36
Südböhmen	0,37	5,89	0,87	0,85
Westböhmen	2,65	4,49	- 0,02	- 0,69
Nordböhmen	1,41	6,33	1,05	1,62
Ostböhmen	0,20	4,11	- 0,01	0,08
Südmähren	1,78	5,54	0,62	1,05
Nordmähren	10,25	7,97	1,33	0,83
Hauptstadt der SSR Bratislava	17,20	22,53	15,37	11,41
Westslowakei	5,34	6,68	3,67	3,39
Mittelslowakei	7,73	10,29	6,39	5,25
Ostslowakei	12,38	11,14	8,15	7,50

Quelle: Územní plánování a urbanismus, Nr. 5, S. 296-299.

Die Bevölkerung der SSR ist im Vergleich zu der Bevölkerung der CSR demographisch jünger; daraus ergibt sich auch der in der SSR zu erwartende stärkere Bevölkerungszuwachs in den nächsten Jahrzehnten. Die bisher überwiegende Migration aus der SSR in die CSR wird allmählich sinken und nach dem Jahre 2000 rechnet man mit einer in beiden Richtungen ausgewogenen Wanderungsbilanz. In den nördlichen Teilen der Slowakei ist eine dynamische Bevölkerungsentwicklung zu erwarten; dagegen ist in den südlichen Kreisen die natürliche Bevölkerungsentwicklung weniger günstig.

Gegen Ende des Jahrhunderts wird der Anteil der arbeitsfähigen Bevölkerung anwachsen. Bereits in der zweiten Hälfte der achtziger Jahre wird die Zahl der Bevölkerung im Rentenalter zu sinken beginnen und ihr Anteil wird in etwa 15 bis 20 Jahren die Grenze von 20 % unterschreiten. Es ist jedoch mit beträchtlichen örtlichen Unterschieden im Durchschnittsalter der Bevölkerung zu rechnen, z.B. in den zentralen Bereichen der Städte bzw. in ländlichen Siedlungen, wo der Anteil der alten Menschen 50 % erreichen oder gegebenenfalls sogar überschreiten kann. Die Abweichungen von der durchschnittlichen Entwicklung des Altersaufbaus werden sich auch in den einstigen neuen Städten (Havirov, Most) und in den großen Wohngebieten an den Stadträndern bemerkbar machen (Tabelle 19).

Tabelle 19: Prognose des Altersaufbaus der Bevölkerung der ČSR und der SSR in den Jahren 1980 - 2000

Jahr	Anteile der Altersgruppen in %					
	0 - 14		15 - 59		60 und mehr	
	ČSR	SSR	ČSR	SSR	ČSR	SSR
1980	23,4	26,2	56,4	57,5	20,2	16,3
1985	23,9	26,8	55,7	56,4	20,4	16,8
1990	22,4	26,1	57,5	57,2	20,1	16,7
1995	21,2	24,4	59,4	58,6	19,4	17,0
2000	21,6	23,6	59,2	59,6	19,2	16,8

Quelle: Zásady a pravidla územního plánování (Grundsätze und Regeln der Raum- und Stadtplanung), Brno, VÚVA, T.1., Kap. 1.4, S. 3.

Der gegenwärtige Altersaufbau der Bevölkerung der CSR, der ungünstiger ist als der in der Slowakei, ist auf die ungleichmäßige Entwicklung der letzten Jahrzehnte zurückzuführen. Diese Ungleichmäßigkeit wird auch in der weiteren Entwicklung der Siedlungen zum Vorschein kommen, da der Altersaufbau der Bevölkerung von der Größe der Stadt bzw. Siedlung stark abhängig ist. Bei der Volkszählung 1980 war die erwerbsfähige Bevölkerungsgruppe (15 - 60 Jahre), die in der CSR 50,4 - 53,3 % der Gesamtbevölkerung darstellt, am gleichmäßigsten vertreten.

Unterschiedlich sind dagegen die Anteile der jüngsten und der ältesten Altersgruppe. Ihr Verhältnis, gemessen an der Zahl der Kinder bis 15 Jahren je 100 Personen im Rentenalter, ist in der CSR sowohl in den kleinsten Siedlungen als auch in den Städten mit mehr als 50.000 Ew ungünstig. Am günstigsten ist dieses Verhältnis in den Städten mit 10.000 bis 20.000 Ew, wo die besten Voraussetzungen für die Reproduktion der Bevölkerung gewährleistet sind (Tabelle 20). Diese Größenkategorie von Siedlungen war in der Nachkriegszeit weitgehend durch die größte Dynamik der wirtschaftlichen und städtebaulichen Entwicklung gekennzeichnet. Entsprechend dem Altersaufbau wird die Bevölkerungsentwicklung allgemein als degressiv bezeichnet, wenn die Zahl der Kinder bis 15 Jahren je 100 Einwohner im Rentenalter maximal 120 beträgt; als stabilisiert oder stagnierend wird die Bevölkerungsentwicklung bezeichnet, wenn diese Zahl zwischen 120 und 200 liegt. Erst wenn sie höher als 200 ist, kann die Bevölkerungsentwicklung als progressiv bezeichnet werden (vgl. Tab. 20 und 21).

Um das Jahr 2000 rechnet man mit einer durchschnittlichen Haushaltsgröße von 2,69 Personen in der CSR und 2,96 Personen in der SSR. Die Verringerung der durchschnittlichen Haushaltsgröße wird durch die zunehmende Zahl der 1- und 2-Personenhaushalte bewirkt.

Tabelle 20: Altersaufbau der Bevölkerung von Siedlungen in der ČSR

Größenkategorien von Siedlungen (nach Einwohnerzahl 1980)	Index des Altersaufbaus (Zahl der Kinder bis 15 Jahre pro 100 Personen im Rentenalter)
bis 2 000	96,2
2 000 - 4 999	130,5
5 000 - 9 999	145,3
10 000 und mehr	125,5
insgesamt	115,8
davon 20 000 - 49 999	157,1
50 000 und mehr	108,1

Quelle: Terplan, 1983.

Tabelle 21: Der im Zeitabschnitt 1980 - 2010 zu erwartende Anteil der arbeitsfähigen Bevölkerung*) nach Bezirken

Bezirk	1980	1990	2000	2010
Hauptstadt Prag	55,5	56,6	59,5	54,1
Mittelböhmen	55,5	58,1	60,5	57,1
Südböhmen	56,1	58,8	61,0	58,0
Westböhmen	57,7	59,8	61,2	57,9
Nordböhmen	57,4	59,8	61,4	57,3
Ostböhmen	55,5	58,5	60,9	57,9
Südmähren	55,8	58,1	60,3	57,7
Nordmähren	57,8	60,3	61,6	58,6
Hauptstadt der SSR Bratislava	60,2	58,2	61,6	55,6
Westslowakei	57,3	57,7	60,4	58,7
Mittelslowakei	57,6	57,7	60,1	58,7
Ostslowakei	57,2	57,6	60,0	59,0

*) Männer: 15 - 59 Jahre; Frauen: 15 - 54 Jahre.

Quelle: Územní plánování a urbanismus, 1983 Nr. 3, S. 299.

Die Konzentration der Bevölkerung in den großen Städten, insbesondere den Stadtregionen höherer und niedrigerer Stufe, wird voraussichtlich langsamer verlaufen als bisher erwartet. Auch die intensivere Ausnutzung des bioenergetischen Bodenpotentials, die zu einer wesentlichen Steigerung der Tier- und Pflanzenproduktion beitragen sollte, kann die Abgabe von Arbeitskräften aus der Landwirtschaft und folglich ihre Abwanderung in die Städte wesentlich einschränken.

Bis zum Jahre 2000 wird nur mit der Abwanderung junger Leute aus den kleinsten und entlegenen Siedlungen ohne ökonomische Entwicklungsperspektiven zu rechnen sein. Der weitere Migrationsprozeß wird offensichtlich immer mehr durch die ökologische Lage beeinflußt werden. Die gegenwärtigen Migrationsströme deuten bereits Veränderungen in den Umweltpräferenzen an, indem sie eher in den Südböhmischen Bezirk als in die Prager Stadtregion gerichtet sind, wo man sie erwartet hatte. Von den objektiven Faktoren werden es die Unterschiede in der Wohnqualität zwischen der alten und der neuen Wohnstätte sein, die u.a. die Verstädterung fördern werden. Die Möglichkeit, die Wohnform des Eigenheimes zu genießen, die unter der Bevölkerung stets höchste Präferenz verzeichnet, wird für die Wanderungsbewegung eine bedeutende Anregung sein.

Das Tempo der Verstädterung der CSSR wird nachlassen, wobei es in der Slowakei relativ höher sein wird als in den böhmischen Ländern. Obwohl der Einfluß der gegen die Konzentration wirkenden Faktoren zunimmt, ist langfristig doch mit weiterer, allerdings langsamerer Konzentration der Bevölkerung und der Aktivitäten in den Stadtregionen und Siedlungszentren von überörtlicher Bedeutung zu rechnen.

Die Unterschiede im Tempo und in der Stufe der Entwicklung einzelner Siedlungen ergeben sich aus:
- der regional differenzierten natürlichen Bevölkerungsentwicklung
- der realen Migration, deren Aufkommen und Richtung den konzeptionellen Vorstellungen bisher nicht entsprechen.
  (Dies ist offensichtlich auf die nicht ausreichende und wenig effektive Stimulierung der Migration und auf die Neigung der Bevölkerung, bei einer gewissen regionalen Stabilität den Wohnort nicht zu ändern, zurückzuführen.)

- den sich ändernden Migrationsmotiven, wobei die Lebens- und Umweltqualität, die Erholungsmöglichkeiten usw. immer mehr an Bedeutung gewinnen.

Die Mittelstädte sowie die Kleinstädte und die im Einzugsbereich der Großstädte günstig gelegenen ländlichen Siedlungen werden auch in Zukunft dank ihrer guten Wohnqualität, ihrer weniger belasteten Umwelt und guten Naherholungsmöglichkeiten ihre Attraktivität bewahren.

Die Entwicklung der Anteile der im sekundären und tertiären Sektor beschäftigten Bevölkerung wird zum wichtigen Faktor der sich ändernden sozialen Bedingungen. Generell setzt sich infolge der wachsenden Arbeitsproduktivität (Einsatz von Robotern, Automatisierung) die Tendenz zum Übergang der Arbeitskräfte aus dem sekundären in den tertiären Sektor durch.

In der CSSR wurden mehrere z.T. voneinander abweichende Prognosen der Entwicklung der Wirtschaftsbereiche aufgestellt. M. Pazderova schätzt das Wachstum des tertiären und quartären Sektors auf 42 - 45 % aller Beschäftigten bis 2000 und auf 45 - 52 % bis 2030. (Quelle: siehe Bemerkung 1.)

Im Unterschied zu den Schätzungen von J. Musil und M. Pazderova wird im Bericht zum Regierungsbeschluß Nr. 261/1983 die zukünftige Entwicklung des tertiären Sektors sehr vorsichtig eingeschätzt; man rechnet eher mit einer schwächeren Entwicklungsdynamik als im Zeitraum 1960 - 1980.

Die zu erwartenden Anteile der einzelnen Sektoren an der Gesamtzahl der Beschäftigten sind in Tabelle 22 angeführt.

Tabelle 22: Anteile der Wirtschaftsbereiche an der Gesamtzahl der Beschäftigten (in %)

Wirtschaftsbereich	1980	2000
Primärer	13,1	12,4 - 11,7
Sekundärer	48,8	43,5 - 43,1
Tertiärer	38,1	44,1 - 45,2

Quelle: Musil Jiří et al., Rámcová prognóza vývoje osídlení, měst a aglomerací (Rahmenprognose der Entwicklung der Siedlungsstruktur, der Städte und der Stadtregionen), VÚVA, Prag 1981.

Die angeführten Anteile der Wirtschaftsbereiche sind mit den ausländischen nur annähernd vergleichbar, da die Statistik der CSSR nur zwei Bereiche unterscheidet - den Produktivbereich und den Nichtproduktivbereich. Diese werden in Wirtschaftszweige weitergegliedert.

Das Wachstum des tertiären Sektors soll am stärksten in den Städten mit mehr als 50.000 Ew und dabei besonders in Städten mit mehr als 100.000 Ew gefördert werden, wo er unterentwickelt ist.

Die mit gesellschaftlichen Einrichtungen und Dienstleistungen am besten ausgestatteten Städte - gemessen an Nutzflächen und Arbeitsplätzen - sind immer noch die Städte mit 10.000 bis 50.000 Ew.

Allgemein wird eine größere räumliche Mobilität (einschließlich Migration) zwischen Wohnstätten und Arbeitsstätten erwartet. Man rechnet nur mit einer geringen Abnahme der Pendlerbewegungen. Zunehmen wird auch der Pendlerverkehr in die Zentren der gesellschaftlichen Dienstleistungseinrichtungen, wo es möglich sein wird, die höheren materiellen und kulturellen Bedürfnisse zu befriedigen. Die räumliche Beziehung Wohnstätte-Arbeitsstätte kann auch durch das wachsende Interesse am dauerhaften Wohnen in Erholungsgebieten beeinflußt werden.

Die Prognosen und die Auffassungen zur Verkürzung der Arbeitszeit gehen beträchtlich auseinander. Unter den Bedingungen der CSSR wird meistens die allmähliche Verkürzung der Arbeitswoche um 4 Stunden bis zum Jahre 2000 erwogen. Die fünftägige Arbeitswoche wird offensichtlich noch lange Zeit erhalten bleiben. Die Prognosen für die Zeit nach dem Jahre 2000 rechnen eher mit der Verlängerung des Urlaubs und eventuell mit Verkürzung der täglichen Arbeitszeit, als mit der Verkürzung des Rentenalters oder mit der Kummulation der Freizeit am Wochenende.

Zur gesellschaftlichen Zielsetzung wird in erster Linie die sinnvolle Gestaltung der Freizeit und ihre gleichmäßige Verteilung auf Erholung, Regeneration, Bildung und schöpferische Tätigkeit.

Inwieweit die Arbeitsverkürzung sich in den städtebaulichen Strukturen widerspiegeln wird, wird von der Art dieser Verkürzung abhängig sein, d.h. von dem Ausmaß der Verkürzung und von der Verteilung der Freizeit in der gesamten Lebensordnung. In jeder Alternative wird mit zunehmendem Interesse an der Erholung gerechnet. Wenn die Freizeit auf größere Zeitabschnitte konzentriert wird, wird dies höhere Anforderungen an kurzfristige Erholungseinrichtungen außerhalb der Wohnorte, d.h. Wochenendhäuser und Fremdenverkehrseinrichtungen nach sich ziehen. Wenn die Arbeitsverkürzung vor allem als Reduzierung der täglichen Arbeitszeit verwirklicht wird, wird dies erhöhte Forderungen an Naherholungseinrichtungen des täglichen Bedarfs mit sich bringen.

2.2 Hauptentwicklungsrichtungen der Siedlungsstruktur

2.2.1 Entwicklungsperspektiven des städtischen Siedlungsnetzes

Die Entwicklung der Siedlungsstruktur der CSSR bis zum Jahre 2000 ist durch mehrere Regierungsbeschlüsse (siehe 1.3.1) bestimmt, die einerseits auf die Herausbildung eines Systems zentraler Orte und andererseits auf die Abgrenzung von Stadtregionen höherer und niedriger Stufe als Schwerpunkte der Konzentration der Wirtschaft und der Bevölkerung ausgerichtet sind.

Allgemein kann festgestellt werden, daß die angestrebte Konzentration der Bevölkerung und der Investitionen in den ausgewählten Zentralen Orten und teilweise auch Kernen der Stadtregionen im großen und ganzen gelang, so daß heute in den meisten Siedlungszentren örtlicher und überörtlicher Bedeutung grundsätzlich keine ungelösten Probleme mehr bestehen. Insbesondere die Siedlungszentren von überörtlicher Bedeutung bekamen – bis auf wenige Ausnahmen – beträchtliche Investitionsmittel für den Wohnungsneubau. Es gab natürlich Unterschiede im Volumen des Wohnungsneubaus, die aus den Anforderungen der Industrie bezüglich der Ansiedlung neuer Arbeitskräfte resultieren. Einige Zentren überörtlicher und örtlicher Bedeutung sind durch ein wenig diversifiziertes Arbeitsplatzangebot gekennzeichnet, besonders solche, wo man nach dem zweiten Weltkrieg im Rahmen der Industrialisierung der schwachstrukturierten Gebiete große Industriebetriebe ansiedelte. Ein weiteres Problem ist die Umgestaltung der zentralen Bereiche und im Falle der historisch wertvollen Stadtkerne ihre Erneuerung. Die Verkehrsbeziehungen zwischen den Siedlungszentren und den in ihrem Einzugsbereich gelegenen Gemeinden sind relativ befriedigend.

Viele Probleme bringt die Entwicklung der Stadtregionen höherer Stufe und im kleineren Ausmaß auch die Entwicklung der Stadtregionen niedrigerer Stufe mit sich. Was die Wohnungsbausubstanz betrifft, liegen die Grundprobleme in ihrer Modernisierung, Umgestaltung und Rekonstruktion, insbesondere in den großen Städten (z.B. Prag).

Allein in den Jahren 1970 – 1980 sind aus der Prager Innenstadt mehr als 130.000 Ew ausgezogen. Die Extrapolation dieser Tendenz zeigt, daß im Jahre 2000 in dem äußeren Entwicklungsgürtel von Prag, d.h. in den großen neuen Wohnsiedlungen am Stadtrand, mehr als 600.000 Ew leben würden. In den innerstädtischen Gebieten würden – bei der Konzentration von etwa 70 % aller

Arbeitsstätten - von den ursprünglichen 1 Mio Ew etwa 600.000 Ew verbleiben. Diese Situation würde natürlich den ÖPNV enorm in Anspruch nehmen und zum Verfall der freigewordenen historischen Wohnbausubstanz führen. Die mehr oder weniger zufällige Standortverteilung des Eigenheimbaues im Umland der Kernstädte von Stadtregionen und das geringe Ausmaß von Eigenheimbau innerhalb der Kernstädte in vielfältigen und gleichzeitig wirtschaftlichen Formen sind die problematischen Seiten der Entwicklung der Stadtregionen.

In den meisten Kernstädten sind auch die gesellschaftlichen bzw. Dienstleistungseinrichtungen quantitativ und qualitativ zu verbessern, insbesondere das System der Haupt- und Nebenzentren gesellschaftlicher Einrichtungen. In den Stadtzentren ist ebenso das System der Fußwege und Fußgängerzonen zu entwickeln. Oft fehlt es an Koordination bei der Standortverteilung der gesellschaftlichen Einrichtungen und der technischen Versorgungsanlagen in der Stadtregion als Ganzes (z.B. Funktionsteilung zwischen mehreren Kernstädten und zugeordneten Siedlungszentren, Standortverteilung spezialisierter Einrichtungen).

In den Stadtregionen der CSSR sind einige in ausländischen Stadtregionen vorkommende Funktionsbeziehungen ausgeblieben, so z.B. die Kooperation der in der Kernstadt gelegenen industriellen Hauptbetriebe mit den Nebenbetrieben (Zweigstellen), die in den äußeren Zonen der Stadtregion ihren Standort haben, die gemeinsame Nutzung der Infrastruktur in städtischen Industriegebieten oder die Herausbildung spezieller Formen der Land- und Nahrungsgüterwirtschaft als Versorgungsbasis der Stadtregionen.

In den Kernstädten sind die präferierten Verkehrsarten (Fußgängerverkehr und ÖPNV) bisher noch nicht genug entwickelt, insbesondere in den Stadtzentren nicht. Der Umbau der Eisenbahnknotenpunkte geht nur langsam voran. In der unmittelbaren Umgebung der Kernstadt wird die Bedeutung der Verkehrs- und Infrastrukturachsen für die Entwicklung der Siedlungsstruktur noch nicht genug beachtet.

Bei den Infrastruktureinrichtungen werden die Entwicklungsgrenzen zu wenig beachtet. In den meisten Kernstädten ist die Renovierung von Wasserversorgungsnetzen, Sammelkanälen und Gasleitungen erforderlich. Die Quellen der Wärmeversorgung werden zur Zeit zum limitierenden Faktor der Siedlungsentwicklung. Die Probleme der Umweltbelastung und des Umweltschutzes konnten bisher nicht zufriedenstellend gelöst werden. Obwohl es in einigen Kernstädten gelungen ist, die Umweltsituation zu verbessern (z.B. in Ostrava), wurden 12 der 18 Stadtregionen höherer Stufe zu Gebieten mit starker Umweltbelastung erklärt.

In der CSR wurden durch den Regierungsbeschluß Nr. 315/74 7 Regionen zu Gebieten mit stärkster Umweltbelastung erklärt; ein Maßnahmenpaket zur langfristigen Entwicklung und Umweltgestaltung in den umweltbelasteten Gebieten wurde im Regierungsbeschluß Nr. 144/1977 festgelegt. Es handelt sich dabei um folgende Regionen:

- Hauptstadt Prag
- nordböhmische Industrieballung
- die Agglomeration von Ostrava-Karvinna
- die Agglomeration von Sokolov
- die Agglomeration von Hradec Kralove - Pardubice
- die Agglomeration von Plzen
- die Region von Melnik einschließlich Steti.

In der SSR wurden durch den Regierungsbeschluß Nr. 150/1974 5 Regionen zu Gebieten mit stärkster Umweltbelastung erklärt. Außerdem wurde ein Regierungsbeschluß zum Schutz der Umwelt von Bratislava gefaßt. In der SSR handelt es sich um folgende Regionen:

- die Hauptstadt Bratislava
- das Tal des oberen Vahs
- das Tal der oberen Nitra
- das Tal des Hron
- das Gebiet von Kosice-Jelsava.

Komplizierte Probleme tauchen auch bei der Durchführung von Investitionsvorhaben in den Stadtregionen auf, deren Gebiet in zwei Verwaltungsbezirke fällt, bzw. in polyzentrischen Regionen mit mehreren Kernstädten gleicher administrativer Bedeutung oder gleichen Ranges in der Siedlungsstruktur.

In der oben angeführten kurzgefaßten Analyse der positiven und insbesondere der negativen Seiten der gegenwärtigen Entwicklung der Siedlungsstruktur der CSSR wurde das Hauptaugenmerk auf die Stadtregionen der höheren Stufe als Schwerpunkte der Urbanisierung gerichtet. Unter den wesentlichen Problemen der städtischen Siedlungen erscheint die Erneuerung der Stadtzentren sowie in den Großstädten die Modernisierung der vom Ende des 19. und Anfang des 20. Jahrhunderts stammenden Wohngebiete am dringlichsten. Im Zusammenhang mit den verschiedenen Formen der Umgestaltung der Bausubstanz muß auch die Renovierung der technischen Infrastruktur durchgeführt werden. Die weitere Entwicklung der Siedlungsstruktur erfordert radikale Umweltverbesserungsmaßnahmen in den Städten und die Verbesserung der ökologischen Bedingungen in der Landschaft, insbesondere in den dicht besiedelten Stadtregionen.

Die Konzeption für die weitere Urbanisierung in der CSR vom Jahre 1975 rechnete in der bescheidensten Variante mit einem natürlichen Bevölkerungszuwachs in den Stadtregionen höherer Stufe im Ausmaß von 310.000 Ew und mit der Zuwanderung weiterer 470.000 Ew., d.h. mit einem Gesamtzuwachs von 780.000 Ew. Aufgrund der im Jahre 1980 durchgeführten Volkszählung mußten diese Annahmen dahingehend korrigiert werden, daß sowohl der natürliche Zuwachs in den Stadtregionen höherer Stufe als auch die Zuwanderung wesentlich niedriger sein werden. Für die Stadtregionen niedrigerer Stufe fällt diese Korrektur geringer aus. Der Verlangsamung des Wachstums der Stadtregionen wird einerseits durch die sich verschlechternden ökologischen Bedingungen, insbesondere in den Kernstädten, andererseits durch die Beschränkung der Investitionen im tertiären Sektor und im Wohnungsbau bewirkt.

Ungeachtet des allgemein verlangsamten Wachstums der Stadtregionen wird dieser Prozeß auch künftig unterschiedlich sein. Die Abschwächung des Wachstums wird insbesondere in den größten Kernstädten deutlich (geringster natürlicher Bevölkerungszuwachs, größte Umweltbelastung), dies gilt insbesondere für Praha, Brno und Plzen; Ostrava wird - dank der besseren Bevölkerungsstruktur - auch in Zukunft einen größeren natürlichen Bevölkerungszuwachs aufweisen. Im Gegensatz zu der CSR werden in der SSR die Stadtregionen dank der günstigen Bevölkerungsstruktur ihres Hinterlandes noch immer ein relativ schnelles Wachstum verzeichnen und eine Stagnation des Bevölkerungswachstums wird in der SSR wahrscheinlich erst um das Jahr 2030 eintreten.

Die Entwicklung der Kernstädte von Stadtregionen wird in Gebieten mit hochwertigen landwirtschaftlichen Böden eingeschränkt (Olomouc, Hradec Kralove, im beträchlichem Maß auch in Praha, Brno, Pardubice und andere kleinere Kernstädte). Hier wird es notwendig sein, den Stadtregionen die Weiterentwicklung in ihrem Einzugsbereich zu ermöglichen, insbesondere in den zugeordneten Siedlungszentren, in örtlichen Zentren oder sogar in ländlichen Siedlungen, die an Verkehrsstraßen mit leistungsfähigem ÖPNV (besonders Schienenverkehr) liegen. Man muß mit dem Umbau dieser Siedlungen und mit intensiverer Flächennutzung ihrer inneren Bereiche rechnen. Die Differenzierung der Entwicklung von Stadtregionen beider Stufen wird selbstverständlich auch durch weitere Faktoren beeinflußt, wie z.B. Lage im Siedlungsnetz (aus gesamtstaatlicher und regionaler Sicht), wirtschaftliche Bedeutung, städtebauliche Entwicklungsmöglichkeiten, demographisches Potential, Anbindung an Fernverkehrsstraßen und überörtliche Infrastrukturnetze, usw.

Die Unterschiede in der Entwicklung werden sich nicht nur in den Stadtregionen bemerkbar machen, sondern auch in anderen Siedlungsstrukturen. Es ist anzunehmen, daß die in den einzelnen Zonen der Stadtregionen gelegenen, die Funktion überörtlicher und örtlicher Zentren ausübenden Mittel- und Kleinstädte, das größte Wachstum aufweisen werden. Ebenso werden diejenigen Städte, die zwar nicht in den Stadtregionen liegen, die jedoch über eine starke Industriebasis zukunftsträchtiger Produktionszweige oder über eine effektiv ausnutzbare örtliche Rohstoffbasis verfügen, ein schnelleres Wachstum erfahren. Allgemein werden diejenigen Städte wachsen, die an Fernverkehrsstraßen und in überregionalen Infrastrukturachsen liegen (vgl. Abb. 15 a und 15 b).

Die langsame Entwicklung bzw. Stagnation der größten Städte wird von der Stagnation bzw. sogar dem Rückgang einiger Kleinstädte und der abgelegenen ländlichen Siedlungen (besonders in Gebieten außerhalb der Stadtregionen) begleitet.

Die Entwicklung der Siedlungsstruktur der CSSR, die naturgemäß eine Reihe von Tendenzen aufweist, die allen sozialistischen Ländern gemeinsam sind, wird sich jedoch von der Entwicklung der Siedlungsstruktur der hochentwickelten kapitalistischen Länder nicht allzu sehr unterscheiden. In diesem Zusammenhang sind zwei Themenkomplexe von besonderer Bedeutung:

- erstens die gegenwärtige und künftige Konzentration der Bevölkerung und der Aktivitäten in den Großstädten und die damit verbundenen Agglomerationsvorteile, und

- zweitens die gegenwärtige beträchtliche Zersiedlung und das Wachstum von Kleinstädten sowie sehr vieler ländlicher Siedlungen.

Mit dem Nachweis der Agglomerationseffekte befaßten sich in der CSSR mehrere Autoren. J. Klackova zeigt z.B., daß jede Verdoppelung der Stadtgröße eine Steigerung der Arbeitsproduktivität in einigen Zweigen der verarbeitenden Industrie um etwa 5 % zur Folge hat. Die Kosten des tertiären Sektors wachsen jedoch mit der wachsenden Stadtgröße viel schneller als die Produktivität in der Industrie.

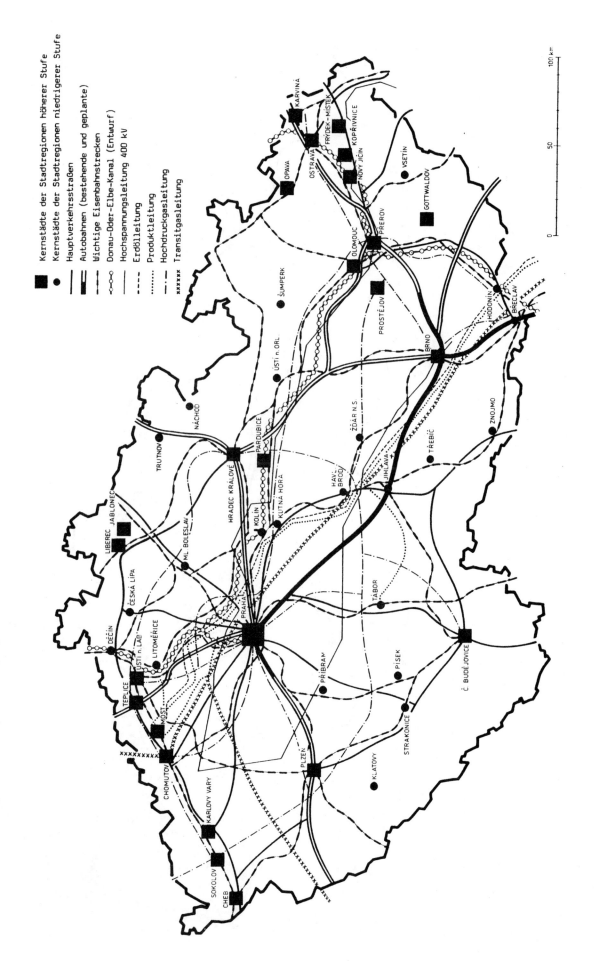

Abb. 15a: Ferntrassen des Verkehrs und der technischen Infrastruktur in der ČSR

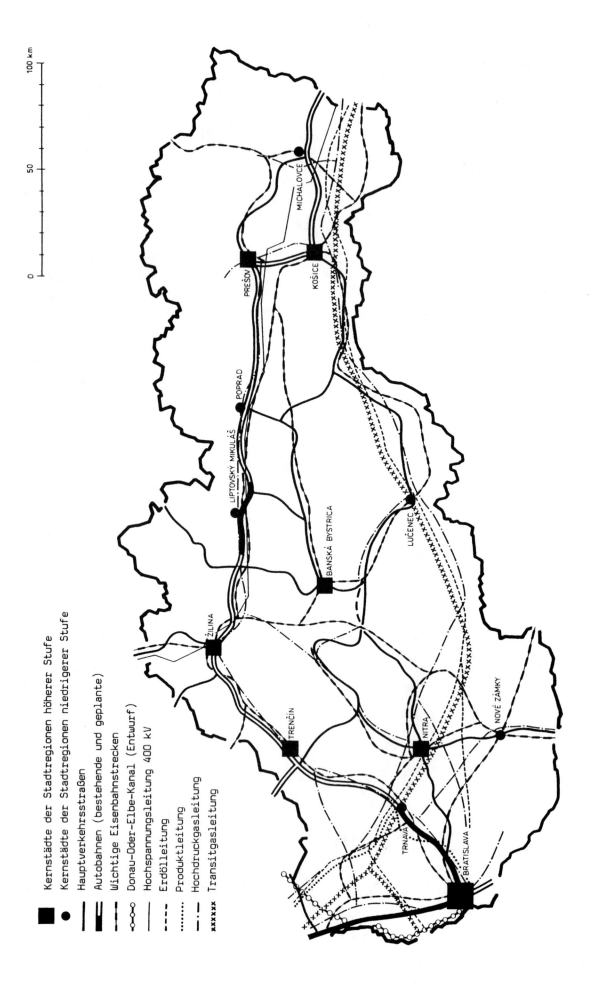

Abb. 15b: Ferntrassen des Verkehrs und der technischen Infrastruktur in der SSR

P. Halouzka analysierte das Kostenwachstum des Wohnungsbaus, der gesellschaftlichen Einrichtungen und der technischen Infrastruktur für die Städte mit über 5.000 Ew. Er hat festgestellt, daß die Investitionskosten pro Ew in einer Millionenstadt wie Prag, verglichen mit denen in einer Stadt mit 5.000 Ew, erheblich höher sind. Dies bedeutet im einzelnen: bei technischen Netzen und Anlagen um 315 %, bei gesellschaftlichen Einrichtungen um 262 %, beim Wohnungsbau jedoch nur um 21 % höher.

In Städten dieser Größenordnungen weisen die Kosten des tertiären Sektors das größte Wachstum auf. Umgerechnet auf den einzelnen Ew sind diese Betriebskosten in einer Millionenstadt mehr als vierzehnmal so hoch wie in einer Stadt mit 5000 Ew, wobei allein die Betriebskosten der technischen Infrastruktur 63-mal höher sind. Die Gesamtkosten des tertiären Sektors, d.h. die jährlichen Investitionskosten und Betriebskosten, sind 4,5-mal höher. Es ist zu bemerken, daß die beiden Kosten nicht linear wachsen, sondern die größten Städte die stärkste Kostenprogression aufweisen (z.B.: U-Bahn-Bau).

Diese Angaben, die nicht nur die Produktivität der Industriebetriebe widerspiegeln, ziehen die Agglomerationsvorteile in Zweifel. Andererseits muß man jedoch zugeben, daß die tschechoslowakische Industrie die sich bietenden Agglomerationsvorteile oft nicht ausgenutzt hat, so z.B. die regionale Produktionskooperation, gemeinsame Infrastrukturanlagen, usw. Aus detaillierteren, hier jedoch nicht wiedergegebenen Untersuchungen ist zu entnehmen, daß in der CSSR im Vergleich mit den hochentwickelten Ländern die Kernstädte der Stadtregionen – mit Ausnahme von Prag – relativ klein sind und ihr Umland meistens noch immer schwach urbanisiert ist; sie können und werden weiterwachsen, jedoch langsamer als es früher prognostiziert wurde.

Der Zersiedlungsprozeß, insbesondere in den Stadtregionen von Praha, Brno, Bratislava und Ostrava, wäre stärker gewesen, wenn der Eigenheimbau mehr unterstützt und gefördert worden wäre. In diesen Städten ist für die Entscheidung der Einwohner, in das Umlandgebiet zu ziehen, nicht nur die Größe der Stadt, sondern vielmehr ihre Umweltbelastung, ausschlaggebend. In den Kernstädten mit bis zu 200.000 Ew – die in der CSSR überwiegen – ist mit einer stärkeren Zersiedlung kaum zu rechnen. In den Kohleförderungsgebieten gibt es innerhalb der Siedlungen nur wenige konzentrierte Arbeitsstätten. In solchen Fällen sollten die im Einzugsbereich der Kernstädte liegenden zu entwickelnden Siedlungen so ausgewählt werden, daß sie mit der Kernstadt eine gute Verkehrsverbindung über ÖPNV besitzen und hinsichtlich der Wohnfunktion eine günstige Umweltqualität aufweisen. Die vorherrschende Wohnfunktion dieser ausgewählten Siedlungen schließt jedoch die Ansiedlung von sauberen und umweltfreundlichen Industriebetrieben nicht aus, besonders wenn sie Frauenarbeitsplätze bieten. Durch solche Maßnahmen kann die Zahl der Berufspendler wesentlich eingeschränkt werden.

Die Tendenz zum stärkeren Wachstum der Kleinstädte – insbesondere in Stadtregionen und Infrastrukturachsen – ist in der CSSR deutlich spürbar. In diesen Gebieten wachsen auch einige ländliche Siedlungen, besonders dort, wo ihre Wohnfunktion an Bedeutung gewinnt und erweitert wird. Die Abwanderung aus den ländlichen Gebieten hat sich im letzten Jahrzehnt wesentlich verringert und es ist anzunehmen, daß sie zukünftig völlig aufhört.

Im Ausland ist die beschleunigte Entwicklung der an Verkehrs- und Infrastrukturachsen gelegenen Siedlungen klar sichtbar. Auch in der CSSR wurden aufgrund von Untersuchungen der bestehenden Stadtregionen höherer Stufe stabile Entwicklungsachsen festgestellt, die meistens den Hauptverkehrslinien folgen. In der CSSR wachsen die in den Entwicklungsachsen gelegenen Siedlungen schneller als die übrigen Siedlungen.

Die bereits im Projekt der Urbanisierung der Slowakei festgesetzten Urbanisierungsachsen bestimmen weitgehend die Weiterentwicklung der Siedlungsstruktur. Die Gründe für die Festsetzung der Urbanisierungsachsen, insbesondere die spezifischen topographischen Verhältnisse des größten Teils der Slowakei, sind klar vorgegeben. In der Konzeption der Urbanisierung der CSR wurden dagegen die Urbanisierungsachsen nur angedeutet.

> Die in der Konzeption der Hauptrichtungen der Urbanisierung der CSR vorgeschlagenen Urbanisierungsachsen sind im dem CSR-Regierungsbeschluß Nr. 4/1974 nicht verankert worden (wie es in der SSR der Fall ist).

> Auf die Herausbildung einiger Urbanisierungsachsen wird in dem Erläuterungsbericht zu den Konzeptionen der Urbanisierung und der Entwicklung der Siedlungsstruktur der Bezirke aufmerksam gemacht (CSR-Regierungsbeschluß Nr. 26/1983).

Ähnlich wie in anderen Ländern, werden auch in der CSSR die zu entwickelnden Siedlungen, insbesondere in den Stadtregionen höherer Stufe, vor allem hinsichtlich ihrer Lage an den Verkehrslinien und den Achsen der technischen Infrastruktur ausgewählt. Die zwischen den Verkehrs- und Infrastrukturachsen liegenden Gebiete werden gewissermaßen zu "Ruhegebieten" erklärt mit wenig belasteter Umwelt und vorwiegend mit Landwirtschafts- und Erholungsfunktionen.

2.2.2 Entwicklungsperspektiven des Städtebaus

Zum Ende der 70-er Jahre kam es in Folge eines Wertewandels notwendigerweise zu einer neuen Auffassung über die Weiterentwicklung der Siedlungsstruktur. Der Neubau auf unbebauten landwirtschaftlich wertvollen Flächen wurde eingeschränkt; es wurden verschiedene Formen der Umgestaltung der inneren Bereiche von Siedlungen und der Modernisierung der Altbaugebiete, besonders in den Großstädten vorbereitet und mehr oder weniger durchgesetzt. Diese Tendenz wurde nicht nur durch den Schutz des landwirtschaftlichen Bodens, sondern ebenso durch die unvertretbaren Unterschiede in der Qualität der Bausubstanz zwischen den neuen Wohnsiedlungen an Stadträndern und den innerstädtischen Altbaugebieten ausgelöst.

Die verschiedenen Umgestaltungsmaßnahmen werden bis zum Jahre 2000 am meisten in den älteren Wohngebieten und in den Stadtzentren zur Geltung kommen. Einige mit der prognostizierten wirtschaftlichen Entwicklung zusammenhängende Tendenzen (Intensivierung des Reproduktionsprozesses, Umstrukturierung der Industrie usw.) werden wegen des hohen Aufwandes nur schrittweise und langfristig (nach 2000) realisierbar sein.

Die vorausgesetzte Stagnation bzw. das geringe Wachstum der Investitionen wird auch die Beseitigung der in den Städten bestehenden Mängel verlangsamen. Die Notwendigkeit, die Investitionen vorrangig in den Um- und Ausbau der dringend benötigten Einrichtungen der Siedlungen und gegebenenfalls auch in den vorrangigen Aufbau von Siedlungen in einigen Regionen, zu lenken, kann zur Erhaltung oder gar zur Vertiefung der quantitativen und qualitativen Unterschiede in der Bausubstanz der Siedlungen verschiedener Größe, Lage und Bedeutung führen.

Trotz der Bestrebungen, die Wohngebiete besonders in den großen Städten eher multifunktional zu gestalten (engeres Wohnstätten-Arbeitsstätten-Verhältnis), muß man auch in der Zukunft mit der Gliederung des Stadtgebietes in die Hauptzonen – Zentrum – Wohngebiet – Produktionsgebiet – Erholungsgebiet – rechnen.

Besonders in den Großstädten sind die Hauptzentren und ein System von Nebenzentren gesellschaftlicher Einrichtungen und Dienstleistungen auszubauen. In einigen Kernstädten der Stadtregionen kann der Bau eines neuen ergänzenden Zentrums dort in Frage kommen, wo die Kapazität des alten Zentrums aus Gründen der Denkmalpflege oder sonst beschränkt ist.

> Ein neuer zentraler Bereich ist bereits in der Zwischenkriegszeit in Hradec Kralove und in Pardubice entstanden, zur Zeit entsteht ein solches Zentrum am Rande des historischen Stadtkernes von Liberec und ein weiteres wird in Ceske Budejovice geplant. Verschiedene Modifikationen solcher Zentren sind auch in den slowakischen Städten Banska Bystrica, Kosice, Zilina u.a. zu finden.

In den zu erweiternden Wohngebieten, auf freien Flächen oder in Umgestaltungsgebieten ist mit der Einordnung neuer oder der Erhaltung bestehender nicht störenden Industrie- und Dienstleistungsbetriebe zu rechnen, die keinen zentralen Standort erfordern. Bei der Gliederung der Wohngebiete wird der Erreichbarkeit der Haltestellen des ÖPNV eine immer größere Bedeutung beigemessen. Die Erreichbarkeit wird zu einem der wichtigsten Kriterien zur Bestimmung der Flächenausdehnung der Wohngebiete. Durch die Konzentration der Verkehrsströme auf die Hauptverkehrsstraßen einerseits und durch die Abgrenzung der Wohngebiete andererseits ist es möglich, nicht nur die Wohngebiete von dem Verkehrslärm und anderen Verkehrsemissionen zu trennen, sondern diese auch allmählich zu erweitern. Dieses Prinzip gilt sowohl beim Neubau auf unbebauten Flächen als auch bei der Umgestaltung innerstädtischer Altbaugebiete.

Die Flächennutzung wird allgemein intensiver. Sowohl beim Bau von Mehrfamilienhäusern als auch von Eigenheimen wird die lockere Bebauung immer mehr durch kompakte Bebauung, manchmal mit beträchtlichen Funktionsüberlagerungen, ersetzt.

Bei der langfristigen Umstrukturierung der Industrie erweist es sich als erforderlich, die Kombinations- und Kooperationseffekte stärker zu berücksichtigen, und zwar nicht nur innerhalb der Industriegebiete, sondern auch dort, wo die angrenzenden Wohngebiete die technische Infrastruktur und die gesellschaftlichen Einrichtungen gemeinsam mit den Industriegebieten nutzen können.

Besonders in den großen und mittleren Städten sind aus ökologischen Gründen Grünflächensysteme auszuweisen, die die ganze Stadt durchdringen und mit der Landschaft im Hinterland der Städte verbunden sind. In den keilförmigen Grünzügen, die sich aus der umgebenden Landschaft bis in das Stadtgebiet erstrecken, ist ein Netz von Fuß- und Radwegen vorzusehen, die die stadtnahen Erholungsgebiete erschließen.

In der Stadtverkehrsplanung wird Nachdruck auf die Verbesserung des ÖPNV, die fortschreitende Differenzierung der Straßennetze, eine Entlastung der Verkehrsschwerpunkte, die Befreiung der Siedlungen vom Durchgangsverkehr sowie auf die Wiederbelebung des Fußverkehrs gelegt.

Eines der charakteristischen Merkmale des Städtebaus der Nachkriegszeit ist die Industrialisierung des Bauwesens. Der Massenwohnungsbau hat die räumliche Struktur der Städte wahrscheinlich am stärksten sowohl im Ganzen als auch im Detail beeinflußt. Die zunehmende Geschoßzahl der Wohngebäude hat die traditionelle Silouette der Städte weitgehend verändert. Der meistens regelmäßige Grundriß der Wohngebäude, die Wiederholung derselben Gebäudetypen und die schwach gegliederten Fassaden haben zur Monotonie der neugebauten Stadträume wesentlich beigetragen. Die freistehenden Häuser mit einer schematisch gestalteten Erdgeschoßzone konnten weder die traditionelle Straße, noch den traditionellen Hofraum bilden. Der Mangel an städtebaulichen Raumschließungselementen, die oft fehlenden gesellschaftlichen Einrichtungen sowie eine rein zufällige Anordnung der Grünflächen führten dazu, daß eine intime und Geborgenheit bietende Wohnumwelt nicht geschaffen werden konnte.

Die ideellen und gestalterischen Elemente der Stadt und ihre psychischen Auswirkungen fördern die Identifikation der Einwohner mit ihrer Stadt. Die heutigen Wohngebiete weisen jedoch diese Eigenschaften nur selten auf. Die Stadtarchitektur soll zukünftig den ästhetischen Forderungen der Einwohner an die gebaute Umwelt mehr gerecht werden. Die harmonische Ordnung der Raumbeziehungen soll die Bedeutung und die gesellschaftliche Hierarchie der einzelnen städtischen Funktionszonen zum Ausdruck bringen und ihren visuell wahrnehmbaren Inhalt andeuten. Die Gliederung des Stadtgrundrisses und des Stadtbildes muß sich einer Ordnung fügen, die die Übersichtlichkeit und leichte Orientierung der Einwohner im Stadtraum gewährleistet.

Das nach dem Krieg vorherrschende einfache Stadtentwicklungsmodell, das sich meistens auf den Bau von Wohnsiedlungen an den Stadträndern beschränkte, mußte sich im Wandel der wirtschaftlichen, sozialen, ökologischen und räumlichen Bedingungen notwendigerweise zu einem komplexeren Modell entwickeln, das von der Entwicklung der Siedlung als Ganzes und von den Beziehungen zu den übergeordneten Siedlungssystemen ausgeht. Das komplexe Herangehen zur Lösung der Stadtentwicklung kann jedoch nicht bedeuten, daß alle Funktionselemente der Stadt gleichzeitig verbessert werden. Aber auch bei der vorrangigen Lösung der wichtigsten städtebaulichen Probleme darf dies nicht isoliert und ohne Einbindung in eine Gesamtentwicklungskonzeption der Stadt erfolgen.

2.2.3 Entwicklungsperspektiven für die Funktionen der Städte

Die Grundfrage der Weiterentwicklung der städtischen Altbauwohngebiete ist darin zu sehen, in welchem Ausmaß die verschiedenen Umgestaltungsformen – von der Modernisierung und Sanierung bis zum Abriß und Neubau – zur Anwendung kommen. Die komplexe Umgestaltung hat vor allem die örtlichen und die regionalen Unterschiede im Zustand und in der Ausstattung der bestehenden Bausubstanz abzubauen und die Entvölkerung der Altbaugebiete, insbesondere in den Großstädten, zu verhindern.

Das Problem der Modernisierung und der anderen Formen der Umgestaltung der alten Wohnbausubstanz wird sich bis zur Jahrhundertwende wesentlich stärker in den Städten der CSR, wo der Anteil der alten Bausubstanz recht groß ist, als in der SSR stellen. In der Slowakei wird eher das Problem der Modernisierung und des Um- und Ausbaus von Stadtzentren aktuell sein, insbesondere in den Städten, deren Bevölkerung sich seit dem Jahre 1945 auf ein Vielfaches vergrößert hat (dies betrifft alle Kernstädte der Stadtregionen höherer Stufe, insbesondere Bratislava, Kosice und Banska Bystrica).

Die qualitativen Probleme des Wohnens rücken in der ganzen Welt in den Vordergrund. Die heutige Wohnung wird mindestens noch zwei Generationen dienen und sie muß deswegen bereits heute einer ganzen Reihe von erkennbaren Zukunftsforderungen gerecht werden (entsprechende Wohnungsgröße, Folgen der zunehmenden Lebenserwartung usw.). Die einzelnen Elemente der Wohnung sollten leicht ersetzbar, austauschbar und ausdehnbar sein.

Die qualitative Verbesserung des Wohnungsbaus soll auch zur Verbesserung des ästhetischen Erscheinungsbildes der Gebäude beitragen. Dabei ist der Gestaltung des Wohnumfeldes der Erdgeschoßzone, den architektonischen Details und den Grünflächen besondere Aufmerksamkeit zu widmen.

Bei der Entwicklung gesellschaftlicher Einrichtungen in Städten verschiedener Größenordnung sind eine größere quantitative Ausgewogenheit der Einrichtungen, der Ausgleich qualitativer Unterschiede zwischen städtischen Alt- und Neubaugebieten, sowie eine stärkere Integration gesellschaftlicher Einrichtungen sowohl in Altbau- als auch in Neubaugebiete anzustreben. In den Stadtzentren sollen Fußgängerzonen ausgebaut und in den Stadtteilen gesellschaftliche Nebenzentren errichtet werden. Vorrangig soll in Zukunft der Bau von Sporteinrichtungen, Schulen, Kultureinrichtungen, Einrichtungen der medizinischen Betreuung, Beherbergungseinrichtungen, Dienstleistungseinrichtungen sowie Jugendklubeinrichtungen gefördert werden.

Die Flucht der Städter in die freie Natur (Wochenendhäuser, die das traditionelle Landschaftsbild zerstören) wurde durch die Mängel der Mehrfamilienhäuser und ihres Umfeldes, durch unzulängliche Erholungsmöglichkeiten in innerstädtischen Gebieten und durch die beschränkte Kapazität der Fremdenverkehrs- und Erholungseinrichtungen verursacht.

Zukünftig soll diese problematische Entwicklung durch die Verbesserung der Stadtumwelt und der Qualität der Mehrfamilienhäuser, durch den verstärkten Bau von kostensparenden Eigenheimtypen, durch Errichtung neuer Kleingartenanlagen usw. überwunden werden. In den Städten sind auch die Einrichtungen für die tägliche Erholung - insbesondere Spiel- und Sportflächen - stärker zu entwickeln. Nachdruck wird auf die Multifunktionalität und mehrfache Ausnutzung der Anlagen gelegt. Der Bau von individuellen und kollektiven Erholungsanlagen soll weiterhin vor allem in ausgewählten nicht zentralen Siedlungen mit vorherrschender Erholungsfunktion gelenkt werden.

Zur Verbesserung der Erholungsbedingungen und der städtischen Umweltqualität ist die Erweiterung der Grünflächen erforderlich. Obwohl viele Städte ein beträchtliches Wachstumstempo aufweisen, ist die Anlage neuer Grünflächen eher eine Ausnahme, obwohl in etwa zwei Dritteln aller Städte ein Mangel an öffentlichen Grünflächen besteht. Die mehr oder weniger zufällige Verteilung des Stadtgrüns soll mit dem Wachstum der Städte schrittweise ausgebaut und erweitert werden. Die traditionellen Parkanlagen werden allmählich durch naturparkähnliche Grünflächen mit widerstandsfähigeren Bepflanzungen ersetzt, die sich in der belasteten städtischen Umwelt besser behaupten können. In den meisten Industriezweigen kommt es zur rationelleren Nutzung der bestehenden Anlagen ohne große bauliche Maßnahmen, die wahrscheinlich erst zum Ende des Jahrhunderts zu erwarten sind. Dringend erscheinen jedoch effektive Maßnahmen gegen die durch die Industrie verursachte Umweltzerstörung, besonders in den 13 Regionen mit stark belasteter Umwelt, wo mit einem vorrangigen Umbau der Industrieanlagen zu rechnen ist.

Langfristig liegt das Hauptproblem in der allmählichen Umstrukturierung der gesamten Industrie, die es ermöglicht, die weitere Umweltzerstörung zu beenden und später eine Umweltverbesserung zu erreichen. Die Umstrukturierung der Industrie wird wahrscheinlich der Konzentration der Industrie in den großen Städten entgegenwirken. Die Konzentration der Produktion wird auch durch das notwendige Verkehrsaufkommen beeinflußt werden.

Im Personenverkehr ist aus betriebwirtschaftlichen Gründen und mit Rücksicht auf die notwendigen Energieeinsparungen mit einer weiteren Entwicklung des ÖPNV zu rechnen. Aus energiewirtschaftlichen Gründen wird der Schienenverkehr wieder an Bedeutung gewinnen. Auch der O-Busverkehr wird sowohl aus energetischen als auch ökologischen Gründen stärker entwickelt werden. Auch bei zunehmender Motorisierung wird der PKW in der CSSR vorwiegend in der Freizeit am Wochenende benutzt. Im Berufsverkehr wird die PKW-Benutzung nur gering steigen.

Langfristig rechnet man mit einer weiteren Zunahme des Güterverkehrs. Aus energiewirtschaftlichen Gründen scheint die Überführung des wachsenden Güterverkehrsaufkommens auf die Eisenbahn als vorteilhaft, da damit das Wachstum des LKW-Verkehrs eingeschränkt würde.

Da es einen Trend zum ständigen Wachstum des Verkehrsaufkommens sowohl im Personen- als auch im Güterverkehr allgemein zu geben scheint, wird es bei der künftigen Umgestaltung der Siedlungen darum gehen, solche städtebaulichen Konzepte zu entwickeln, die eine Senkung des Verkehrsbedarfs bewirken werden. Dies ist u. a. durch räumliche Nähe von Wohnstätten und Arbeitsstätten in multifunktionellen Wohngebieten zu erreichen, durch die Ausstattung störender Industriebetriebe, die sonst ausgesiedelt werden müßten, mit neuen umweltfreundlichen Technologien, durch Einschränkung des Ferntransportes von Halbfabrikaten durch Schaffung von regionalen Industriekomplexen, durch Belebung des Fußverkehrs durch Schaffung von Fußgängerzonen, insbesondere in den zentralen Bereichen der Städte, durch Ergänzung des Straßennetzes um Radwege usw.

Bei der Umgestaltung von Siedlungen sind die technische Infrastruktur und hierbei insbesondere die Leitungsnetze, die die Hauptanlagen mit den Verbrauchsschwerpunkten verbinden, zukünftig flexibler zu gestalten. Die technischen Versorgungssysteme werden von den örtlichen Versorgungsanlagen immer unabhängiger und von regionalen Einrichtungen beliefert. Aus betriebswirtschaftlichen Gründen wird der Bau der Anlagen und der Netze der technischen Versorgung verdichtete Bebauungsformen erfordern; bei der Entwicklung der Siedlungen werden die möglichen Entwicklungsgrenzen mehr in den Vordergrund treten. Bis zur Jahrhundertwende ist mit prinzipiellen Änderungen der technischen Versorgungssysteme nicht zu rechnen.

Es wird mit einer weiteren Steigerung des Wasserverbrauchs gerechnet, von den heutigen 1.488 Mio m^3 auf 2.500 Mio m^3 im Jahre 2030. Dieser Anstieg wird jedoch nicht so schnell sein, wie es nach dem zweiten Weltkrieg der Fall war. Die langsamere Steigerung des Wasserverbrauchs wird hauptsächlich durch die Aufbereitung (Kreislaufsysteme) erreicht werden, die sich jedoch erst nach dem Jahr 2000 bemerkbar machen wird. Zukünftig werden die meisten Neubauten an öffentliche Abwassernetze angeschlossen und die Menge des in Kläranlagen behandelten Abwassers wird sich bis zum Jahre 2030 im Vergleich zum Jahr 1980 verdoppeln.

Es ist zu erwarten, daß die Menge der festen Haushaltsabfälle weiter zunehmen wird. Etwa ein Drittel der festen Abfälle soll als Sekundärrohstoff wiederverwendet werden; der Rest wird auf Mülldeponien abgelagert bzw. weiterbehandelt.

In der Energieversorgung (insbesondere Stromerzeugung) ist mit einem allmählichem Übergang von fossilen Brennstoffen zur Kernenergie zu rechnen, wobei bis zur Jahrhundertwende die fossilen Brennstoffe noch überwiegen werden. Von den neuen Energiearten kommt geothermale Energie nur stellenweise in Frage; die Solarenergie wird in Sommermonaten zur Warmwasseraufbereitung genutzt. Man rechnet mit einer beachtlichen Entwicklung der Fernwärmeversorgung, die aus wirtschaftlichen und ökologischen Gründen gefördert werden soll. In den historischen Kernen, besonders der größeren Städte, und in Streusiedlungen rechnet man mit dem verstärkten Einsatz der Elektroenergie für Heizzwecke.

2.2.4 Perspektiven der ländlichen Siedlungsentwicklung

Die Veränderungen der ländlichen Siedlungsstruktur sind im Rahmen der Entwicklung der gesamten Siedlungsstruktur zu sehen. Diese sollte zur allmählichen Erfüllung der langfristigen gesellschaftlichen Zielsetzungen (Husak, G., 1981) wesentlich beitragen.

Diese langfristigen Zielsetzungen sind vom Standpunkt der wünschenswerten Richtungen und Formen der Umgestaltung der Landschaft und der Siedlungen zu konkretisieren. Dabei müssen die für die allseitige Entwicklung des modernen Menschen notwendigen und unersetzbaren Voraussetzungen festgelegt werden, insbesondere für:

- die volle quantitative und qualitative Befriedigung der Grundbedürfnisse des Menschen bezüglich Ernährung, Bekleidung, Wohnung und Erholung

- das Leben in gesunder, zweckmäßig geordneter und schöner Umwelt

- die Gestaltung des Lebens in vielfältigen Beziehungen der allgemeinen Zusammenarbeit und der gesellschaftlichen zwischenmenschlichen Kontakte unter Bedingungen der sozialen Gerechtigkeit und Gleichheit

- das Arbeiten und die größtmögliche Teilnahme an den neuesten Errungenschaften der modernen Zivilisation, Wissenschaft, Technik, Kultur und Kunst (Richta, R., 1980)

Für die Schaffung und die Ausgewogenheit dieser Voraussetzungen sind die Erhöhung der Qualität des Raumes, seines Nutzwertes und seiner Bewohnbarkeit von entscheidender Bedeutung. Eine wichtige Rolle wird dem ländlichen Raum, der ländlichen Besiedlung und der ländlichen Landschaft zuteil. Die

Bedeutung des ländlichen Raumes für die Schaffung günstiger Bedingungen für das Leben der Menschen und für die Entwicklung der Gesellschaft ergibt sich aus der Tatsache, daß vier Fünftel des Staatsgebietes auf den ländlichen Raum entfallen.

Der ländliche Raum wird in der CSSR angesichts der von ihm wahrzunehmenden Funktionen an Bedeutung gewinnen. Dabei sind vor allem zu nennen: die Produktion und Verarbeitung von landwirtschaftlichen Produkten, Holz, Standorte der Nahrungsmittelindustrie, der holzverarbeitenden Industrie usw.; Standorte von Ver- und Entsorgungsanlagen für Städte und Industriezentren und Raum für Trassen der Bandinfrastruktur wie Straßen, Eisenbahnen, technische Leitungen, Wasserversorgungsleitungen usw.

Außerdem übt der ländliche Raum eine ganze Reihe von nichtproduktiven Funktionen aus, die ebenfalls an Bedeutung gewinnen. Vor allem ist es die Regeneration der Naturkomponenten (Boden, Wasser, Luft, Fauna, Flora), die für die Erhaltung der menschlichen Gesundheit erforderlich sind. Auch die Bedeutung der Erholungsfunktion des ländlichen Raumes nimmt immer mehr zu. Es erfolgt hier die kurz- und langfristige Erholung der Städter und die tägliche Erholung der ländlichen Bevölkerung. In Anbetracht der Mängel der städtischen Umwelt und des großen Interesses am Wohnen in Eigenheimen ist mit einer Renaissance der Wohnfunktion im ländlichen Raum, insbesondere in den Einzugsgebieten von Großstädten, zu rechnen.

Die Entwicklung des ländlichen Raumes und die Art und Weise der Umgestaltung der ländlichen Siedlungsstruktur und der Landschaft werden von vielen oftmals widersprüchlichen und gegeneinander wirkenden Faktoren bestimmt. Die Faktoren gesamtgesellschaftlicher Bedeutung können in äußere und innere unterschieden werden.

Von den äußeren sind es besonders die negativen Einflüsse der aus ausländischen Quellen kommenden Immissionen (insbesondere in den nördlichen Teilen von Böhmen und Mähren). Die Umwelt der CSSR wird auch weiterhin durch die Einwirkungen des transeuropäischen Personen- und besonders Güterverkehrs belastet sein. Außerdem ist auch mit steigendem Interesse an der Nutzung des Raumes für Touristik, Sport und Erholung, insbesondere in Berg- und Vorgebirgsgebieten zu rechnen.

Die inneren Faktoren, die die Gestaltung des ländlichen Raumes stark beeinflussen werden, sind:

- die demographische und soziale Entwicklung (geringeres Bevölkerungswachstum, Veränderungen des Bevölkerungsgefüges, der Lebensweise und der Wertvorstellungen);

- die ökonomische Entwicklung (Umstrukturierung der Volkswirtschaft, Veränderungen der Struktur des Personenverkehrs, sinkende Investitionsrate, strikter Schutz des landwirtschaftlichen Bodens);

- die ökologische Situation (starke Umweltbelastung und hoher Grad der Zerstörung der Naturelemente);

- die technischen Verfahren (u. a. industrielle Nutzung der Kohle) ihr Transport, Kapazitäten und Standorte von Kernkraftwerken, Entwicklung des Verkehrs);

- die verwaltungsorganisatorischen Veränderungen (Dezentralisierung der Verwaltung);

- die kulturellen Erfordernisse (hoher kulturhistorischer Wert der Siedlungen und der Landschaft).

Die Gesamtwirkung der äußeren und inneren Einflußfaktoren wird eine intensive und rationelle Nutzung des ländlichen Raumes, seiner natürlichen und antropogenen Ressourcen sowie seiner Siedlungen und seiner Landschaft erforderlich machen.

In diesem Zusammenhang soll auch der strenge Schutz des landwirtschaftlichen Bodens unterstrichen werden. Die große Inanspruchnahme des landwirtschaftlichen Bodens für andere Zwecke führte in den letzten 40 Jahren zur Verringerung der landwirtschaftlichen Nutzfläche um 1,306 Mio ha (= 16 %) und der Ackerfläche um 1.084 Mio ha (= 18,4 %). Dies machte den verstärkten Schutz des landwirtschaftlichen Bodens, insbesondere der besten Bonität, erforderlich. Dabei soll auch die Raumplanung eine bedeutende Rolle spielen.

Laut § 7a Absatz 1. des Gesetzes Nr. 53/1966 im Wortlaut des Bodenschutzgesetzes Nr. 75/1976 und der darauf folgenden Beschlüsse der Regierungen der CSSR Nr. 292/1981, der CSR Nr. 28/1982 und der SSR Nr. 109/1982 darf der besonders geschützte Boden, d.h. (Ackerboden der ersten und der zweiten Bonität, Ackerböden, bei denen Investition wie Ent- und Bewässerungsanlagen, Terrassierung usw. durchgeführt wurden, Hopfenanlagen, Weinberge, intensiv bewirtschaftete Obst- und Gemüsegärten) der landwirtschaftlichen Produktion grundsätzlich nicht entzogen werden. Ausnahmegenehmigung von diesem Gesetz erteilen nur die Regierungen der CSR bzw. der SSR.

Als zweites Prinzip gilt, daß landwirtschaftlicher Boden für Bauzwecke nur in Anspruch genommen werden kann, wenn der Auftraggeber entsprechende Ausgleichsflächen der Landwirtschaft zur Verfügung stellt, z.B. durch Rekultivierung oder Fruchtbarmachung anderer Flächen.

Als drittes Prinzip gilt, daß in allen zusammengelegten Gemeinden die Böden aller höheren Bonitätsklassen, d.h. auch der 3. und 4. Klasse effektiv und folgerichtig zu schützen sind; die Inanspruchnahme dieser Böden für nicht landwirtschaftliche Zwecke muß sorgfältig begründet werden und - entsprechend dem zweiten Prinzip - muß bei anderweitiger Beanspruchung durch Rekultivierung oder Fruchtbarmachung Ersatz geschaffen werden.

Der verstärkte Schutz des landwirtschaftlichen Bodens hat eine grundlegende Veränderung in der Planung von Siedlungen bewirkt. Alle Bauleitpläne, in denen die Inanspruchnahme landwirtschaftlichen Bodens für Bauzwecke vorgesehen war, wurden einer Revision unterzogen. Die Baumaßnahmen außerhalb bestehender Baugebiete wurden radikal begrenzt, wodurch weitere Verluste an landwirtschaftlicher Nutzfläche sowie die unerwünschte Zersiedelung verhindert werden konnte.

Außer diesen Faktoren gesamtstaatlicher Bedeutung werden auf die Entwicklung des ländlichen Raumes auch spezifische örtliche Bedingungen einwirken, so z.B. die unterschiedlichen Boden- und Klimaverhältnisse der einzelnen Regionen, der unterschiedliche Entwicklungsgrad der Industrie, die unterschiedliche Erreichbarkeit höherwertiger wirtschaftlicher und gesellschaftlicher Zentren, die Unterschiede in der Bevölkerungsstruktur und -dichte, in der Qualität der Bausubstanz, im Grade der Umweltbelastung, usw.

Die Entwicklung der ländlichen Siedlungsstruktur wird weitgehend durch die Organisation der landwirtschaftlichen Produktion geprägt sein. In der landwirtschaftlichen Großproduktion rechnet man mit einer verstärkten Konzentration der für mehrere landwirtschaftliche Betriebe gemeinsamen Anlagen und Einrichtungen, wie Werkstätten, Lager, Laboratorien, Verwaltungsgebäude usw.. Dies erfolgt im Zentralen Ort oder in einer anderen bedeutenden ländlichen Siedlung, in der der landwirtschaftliche Großbetrieb seinen Standort hat. Damit wird auch die Wohnfunktion dieser Siedlungen gestärkt werden. Die Produktionsanlagen und Einrichtungen der einzelnen Produktionseinheiten, d.h. die Zentren der Pflanzenproduktion und spezialisierte Viehzuchtfarmen, werden dagegen meistens in ausgewählten nichtzentralen Siedlungen ihren Standort haben.

Die Notwendigkeit, die landwirtschaftliche Großproduktion zu intensivieren, ihren Energie- und Materialbedarf zu senken und ihre Produktivität zu steigern, wird wahrscheinlich zur Reduzierung der durchschnittlichen Größe der Viehzuchtfarmen und der Zentren der Pflanzenproduktion führen. Zum Unterschied von früheren Konzeptionen wird heute die Größe einer Milchkuhfarm von 400 - 600 Milchkühen oder eines Zentrums der Pflanzenproduktion von 600 - 1200 ha landwirtschaftlicher Nutzfläche als geeignet erachtet.

Die allmähliche Durchsetzung umweltfreundlicherer und energetisch weniger anspruchsvoller Formen der landwirtschaftlichen Großproduktion wird auch in der Verbesserung der Erholungsqualität, des Landschaftsbildes und der biologischen Qualität der Landschaft ihren Niederschlag finden. Es ist ein Rückgang großflächiger Monokulturen und technikorientierter Wasserbaumaßnahmen zu erwarten. Die Bestrebungen, im ländlichen Raum günstigere Arbeits-, Wohn- und Erholungsbedingungen zu schaffen, werden sich auch in der darauf ausgerichteten Landschaftsgestaltung bemerkbar machen. Dabei soll sowohl den landschaftsgestalterischen Maßnahmen innerhalb der Feldflur als auch der Gestaltung von Dorfanger, Dorfstraßen sowie der Kinderspielplätze, Schulgärten usw. besondere Aufmerksamkeit gewidmet werden.

Die Weiterentwicklung des ländlichen Siedlungsnetzes wird auch durch die zu erwartenden Veränderungen in der Arbeitsteilung zwischen Stadt und Land mitbestimmt werden. Es wird darum gehen, einerseits die Stadt zu entlasten und andererseits die Reserven der ländlichen Siedlungen auszunutzen. Um die Material- und Energieversorgung zu rationalisieren und den nicht effektiven unnötigen Transport von Rohstoffen, Materialien und Menschen zu vermeiden, werden gewisse mit der land- und forstwirtschaftlichen Produktion verbundenen Aktivitäten nicht mehr - wie bisher - in der Stadt, sondern auf dem Lande abgewickelt werden, so z.B. die Lagerung und primäre Verarbeitung von Kartoffeln, Früchten, Getreide, Wein u.a.

Zur Ausnutzung der Arbeitskräfte, der Maschinen und Anlagen werden in den LPG und VEG (Volkseigene Güter bzw. landwirtschaftliche Großbetriebe) auch weiterhin gewisse nicht landwirtschaftliche Aktivitäten in Form von Nebenproduktion gefördert werden, z.B. die Herstellung landwirtschaftlicher Geräte und Maschinen, elektronischer Einrichtungen, die Errichtung und der Betrieb von Erholungseinrichtungen usw.. Schon heute entfallen etwa 20 % der Einkommen der LPG auf die nicht landwirtschaftliche Nebenproduktion.

Man rechnet damit, daß sich im ländlichen Raum auch künftig die ergänzende landwirtschaftliche Kleinproduktion in Form von Gartenbau und Kleintierzucht entwickeln wird. Diese Produktion wird auf arbeits- und investitionsaufwendige Produkte ausgerichtet sein (z.B. Himbeeren). Obwohl diese Produktion meistens für den Eigenbedarf der Kleingärtner und Kleinzüchter bestimmt ist, ergänzt sie auch den Nahrungsmittelmarkt in den Städten und mit dem Sammeln von Waldfrüchten auch die Rohstoffbasis der Nahrungsmittel- und Verbrauchswarenindustrie, sowie die Exportwarenliste der Volkswirtschaft.

Von den nicht produktiven Funktionen wird das Wohnen der nicht in der Landwirtschaft tätigen Bevölkerung für die Entwicklung der ländlichen Siedlungsstruktur von größter Bedeutung sein. Die Attraktivität des Wohnens auf dem Lande wird mit dem steigenden Lebensniveau, mit zunehmender Beliebtheit des Wohnens in Eigenheimen, mit der wissenschaftlich-technischen Entwicklung und der daraus folgenden Vekürzung der Arbeitszeit, mit der Entwicklung der Telekommunikation und der Informatik, sowie mit der Entwicklung der Verkehrssysteme, immer stärker werden.

In der nahen Zukunft wird der ländliche Raum, seine Siedlungen und seine Landschaft, immer mehr durch das steigende Interesse an Erholung in einer relativ erhaltenen Naturlandschaft beeinflußt werden. Die Erholung der städtischen Bevölkerung in individuellen privaten Objekten (Wochenendhäuser, Zweitwohnungen) in kollektiven Erholungseinrichtungen (der Industriebetriebe, der gesellschaftlichen Organisationen, der Behörden) und kommerziellen Einrichtungen (Hotels, Motels) wird die Entwicklung der ländlichen Siedlungsstruktur sehr stark beeinflussen. Besonders stark wird sich das Erholungswesen auf die attraktivsten Gebiete des ländlichen Raumes, d.h. z.B. Hoch- und Mittelgebirge mit ausgeprägter Naturschönheit auswirken.

Von den anderen Faktoren, die auf die Flächennutzung und Umgestaltung der Siedlungsstruktur im ländlichen Raum einwirken werden, ist auch das steigende Interesse an historischen Kulturwerten zu nennen. Dies betrifft sowohl die historisch und kulturell bedeutenden Bauwerke und Ensembles, wie Burgen, Schlösser, Kirchen usw., als auch die Naturschutzgebiete.

Mit dem Übergang von extensiver zu intensiver Entwicklung der Landwirtschaft und der ländlichen Siedlungsstruktur wird sich auch eine stärkere Differenzierung des ländlichen Raumes, der ländlichen Siedlungen und der Landschaft durchsetzen.

Im Maßstab der Makroregionen wird es darum gehen, die spezifischen Bedingungen der einzelnen Teile des Staatsgebietes auszunutzen und die ländliche Siedlungsstruktur den Zielsetzungen und spezifischen Bedürfnissen der einzelnen Regionen anzupassen. In dieser Hinsicht rechnet man mit größeren Unterschieden in der Gestaltung der ländlichen Siedlungsstruktur zwischen den Einzugsbereichen der Großstädte und der Industrieagglomerationen und den Regionen, wo die Funktionen Erholung und landwirtschaftliche Produktion überwiegen.

Auch im Maßstab der Mikroregionen - in den Einzugsbereichen der zentralen Siedlungen örtlicher Bedeutung - ist mit einer Differenzierung der demographischen und baulichen Entwicklung zu rechnen. Die Zentralen Orte und die Orte, die in der landwirtschaftlichen Großproduktion gewisse Teilfunktionen ausüben sowie die übrigen Orte ohne wesentliche Funktionen, werden sich unterschiedlich entwickeln. In den Zentralen Orten wird die Bevölkerungszahl allgemein wachsen oder stabil bleiben, in den Orten, die nur geringe zentrale Bedeutung haben, wird sie stagnieren und in den übrigen Orten wird sie sinken und einen ungünstigen Altersaufbau aufweisen.

Die stark ausgeprägten Wirtschaftsfunktionen der Zentralen Orte und die günstige Entwicklung ihrer Bevölkerungszahl werden auch in der baulichen Entwicklung ihren Niederschlag finden, insbesondere im Bau von Eigenheimen und in der Ergänzung von gesellschaftlichen Einrichtungen und Dienstleistungen. Die Entwicklung der Orte mit nur geringer zentraler Bedeutung soll auf die Modernisierung der Bausubstanz und auf den notwendigen Wohnungsneubau für die örtlichen Arbeiter beschränkt bleiben.

Alle Typen ländlicher Siedlungen werden jedoch durch die Kombination von mehreren Funktionen gekennzeichnet. Dies gilt auch für die kleinsten Siedlungen, wo sich wenigstens drei Funktionen, und zwar Wohnen, Erholung und landwirtschaftliche Nebenproduktion (Kleingartenbau, Kleintierzucht) nebeneinander harmonisch entwickeln können.

Dem Charakter der Siedlungen und ihrer Rolle im Siedlungsnetz müssen auch die städtebaulichen, architektonischen, funktionalen und bautechnischen Lösungen der einzelnen Gebäude und Gebäudegruppen angepaßt werden. So ist z.B. in Zentralen Orten, besonders im Einzugsbereich der Großstädte, in geeigneten Lagen auch der Bau von mehrgeschossigen Wohngebäuden zulässig. In kleineren Siedlungen dagegen sollte auch weiterhin der intensive Bau von Eigenheimen überwiegen. Das Hauptproblem der Siedlungen aller Typen ist die unzureichende Nutzung ihrer historischen Kerne, in denen oftmals alte Gebäude überwiegen, die Unterhaltung und Modernisierung erfordern.

Als ein wichtiges Ziel ist die Integration der ländlichen Siedlungsstruktur in ein System von hierarchisch geordneten Räumen und eine bessere Verbindung dieser Räume durch Verkehrs- und Kommunikationssysteme anzusehen. Voraussetzungen für eine rationelle Umgestaltung der ländlichen Siedlungsstruktur sind die Verbesserung der Planungsmethoden, die Zusammenfassung der verfügbaren Ressourcen und die Koordinierung aller Planungsvorhaben.

3. Das Raumplanungssystem der ČSSR

3.1 Entwicklung der Gesetzgebung für die Raumplanung

Die rechtlichen Vorschriften, die nach dem ersten und auch eine gewisse Zeit nach dem zweiten Weltkrieg die räumliche und bauliche Entwicklung in der Tschechoslowakei geregelt hatten, stammten zum Teil aus der Zeit der österreichisch-ungarischen Monarchie. Die Ende des 19. Jahrhunderts durch Vereinheitlichung der alten städtischen Baustatuten entstandenen städtischen Bauordnungen haben in den einzelnen Ländern ihre Gültigkeit - mit geringen Veränderungen und Ergänzungen - bis zum Jahre 1949 behalten. In der Zeit der ersten Republik wurden sie zwar durch eine Verordnung ergänzt, wonach alle Gemeinden die sogenannten Regulierungspläne aufzustellen hatten, jedoch nur größere Städte waren in der Lage, die Aufstellung dieser Pläne zu gewährleisten. Auch die Verbindlichkeit der Regulierungspläne bei der Bebauung der einzelnen Stadtviertel wurde nur teilweise eingehalten. Großzügige Konzeptionen konnten oft wegen der begrenzten finanziellen Mittel und der individualistischen Einstellung der Bauherren und der Bodenspekulanten nicht durchgeführt werden. Neben den Bauordnungen gab es auch das im Jahre 1893 verabschiedete und auf die Umgestaltung historischer Stadtzentren ausgerichtete Sanierungsgesetz, dessen Gültigkeit mehrmals bis zum Jahre 1943 verlängert wurde.

Bereits vor dem zweiten Weltkrieg haben manche Stadtplaner die Regulierungspläne für nicht ausreichend gehalten. Sie versuchten, den überörtlichen Beziehungen in der Siedlungsstruktur größerer Räume durch Regionalplanungsstudien Rechnung zu tragen. So wurden z. B. Regionalplanungsstudien für den Raum von Ostrava, für Südmähren und für einige Wasserwege aufgestellt. Diese Studien haben sich angesichts der Labilität der damaligen Wirtschaftslage und des mangelnden Interesses des Staates als unwirksam erwiesen. Nach der Befreiung der CSSR im Jahre 1945 und nach der Öffnung des Weges zum sozialistischen Aufbau im Jahre 1948 haben die Stadtplaner geglaubt, daß nunmehr die Voraussetzungen für die angestrebte Harmonisierung der räumlichen (physischen) Planung mit der einheitlich gelenkten volkswirtschaftlichen Planung gegeben seien. Deshalb wurde bereits im Jahre 1949 das Gesetz über Raumplanung und Aufbau von Gemeinden (Gesetz Nr. 280, 1949) verabschiedet, das später durch mehrere Durchführungsverordnungen und Vorschriften der Ministerien ergänzt wurde. Das neue Gesetz hat die Verantwortung für die Aufstellung der räumlichen Pläne auf die Nationalausschüsse übertragen und den Inhalt und Zweck dieser Pläne sowie das Genehmigungsverfahren festgelegt.

Dieses Gesetz und die nachfolgenden Verordnungen zeigten jedoch viele Spuren unterschiedlicher Auffassungen und allgemeiner Unklarheit sowie der nicht ausgereiften Methoden der volkswirtschaftlichen Planung. Das Gesetz war nicht im Stande, die Verknüpfung der räumlichen und der volkswirtschaftlichen Planung herbeizuführen. Das in diesem Gesetz festgelegte System von Plänen konnte die planmäßige Entwicklung größerer Räume und die Koordinierung der Beziehungen zwischen Siedlungsstruktur, Industrieproduktion, landwirtschaftlicher Produktion und anderen außerhalb von Siedlungen gelegenen Anlagen nicht gewährleisten.

Der Verlauf des Aufbaus in der Zeit des ersten Fünfjahresplanes ließ bereits gewisse Mängel in der Organisation der Planung erkennen, die im Jahre 1953 neue Verordnungen der Regierung und Vorbereitungen zur Novellierung des Gesetzes zur Folge hatten. Ein entscheidender Schritt in der Reorganisation der Planung war die Errichtung des Staatlichen Komitees für Aufbau und der Zentralverwaltung für das Wohnungs- und Gesellschaftswesen. Diese zwei Behörden übernahmen die Verantwortung für die räumliche und städtebauliche Planung und für die Lenkung des Aufbaues. Im Rahmen der Dezentralisierung der räumlichen und städtebaulichen Planung und der Lenkung des Aufbaues wurden bei den Nationalausschüssen der Bezirke und Kreise spezielle Abteilungen für Planung und Aufbau eingerichtet.

Die Praxis der räumlichen und städtebaulichen Planung hat letztlich die ungenügenden gesetzlichen Regelungen überholt (z. B. durch Aufstellung von Regionalplänen für größere Räume und Umlandgebiete von Großstädten) und damit die Verabschiedung eines neuen Raum- und Stadtplanungsgesetzes (Gesetz Nr. 84, 1958) im Jahre 1958 erzwungen.

Das neue Gesetz war für seine Zeit verhältnismäßig fortschrittlich; es kodifizierte und ergänzte eine Reihe von bisher zersplitterten Verordnungen und Vorschriften und versuchte, die notwendigen Verbindungen der räumlichen und städtebaulichen Planung mit den Entwicklungsfaktoren und insbesondere mit den volkswirtschaftlichen Entwicklungsplänen herzustellen. Das Gesetz hat auch wesentlich zur Vervollkommnung der Planungsmethoden in den einzelnen Planungsebenen Region, Stadt und städtisches Teilgebiet beigetragen. Es sollte auch eine möglichst enge Verknüpfung der Pläne der einzelnen Planungsebenen gewährleisten und die Planungsträger - die Nationalausschüsse - verpflichten, effiziente Planungsprogramme und Unterlagen auszuarbeiten.

Das Gesetz hat in beträchtlichem Maße Ordnung in das Verfahren der Auftragserteilung, Ausarbeitung, Begutachtung, Bestätigung und Anwendung der räumlichen und städtebaulichen Pläne gebracht. Es konnte jedoch nicht die Verbindlichkeit und langfristige Gültigkeit dieser Pläne gewährleisten, da es einerseits zu sehr auf die Richtigkeit und Stabilität der Wirtschaftspläne setzte und andererseits eine genaue Festlegung der Entwicklung aller städtischen Funktionen verlangte, so daß sich die Planwerke oft als zu starr erwiesen und schon bei kleineren Veränderungen gänzlich überarbeitet werden mußten. Die Raum- und Stadtplanung wurde mit diesem Gesetz zur "verlängerten Hand" der volkswirtschaftlichen Planung, wobei die Möglichkeit, durch eine Rückkoppelung und schrittweise Annäherung die erwünschte Synthese herbeizuführen, außer acht gelassen wurde.

Im Jahre 1958 wurde auch das erste Gesetz über Kulturdenkmale (Gesetz Nr. 22, 1958) verabschiedet, wonach bauhistorisch wertvolle Stadtteile (Änderung Nr. 181, 1959) zu Denkmalschutzzonen erklärt werden konnten.

Nach der Auflösung des Staatlichen Komitees für Aufbau wurde die räumliche und städtebauliche Planung für eine gewisse Zeit direkt der Staatsplanungskommission unterstellt. In den folgenden drei Jahren wurden einige neue, von dem Raum- und Stadtplanungsgesetz von 1958 ausgehende Verordnungen (z. B. über die Planungsdokumente) verabschiedet. Schon in dieser Zeit jedoch hat sich gezeigt, daß die räumliche und städtebauliche Planung - um sowohl die ökonomischen als auch die gesellschaftlichen und kulturellen Aspekte in der Umgestaltung zur Geltung bringen können - nicht nur ein anderes zentrales Leitungsorgan, sondern auch ein Verbindungsglied zwischen der wirtschaftlichen Bilanzierung und der eigentlichen räumlichen Planung in Form der parallel auszuarbeitenden Territorialpläne (regionale Wirtschaftspläne) oder wenigstens Territorialstudien benötigte.

Die Fachkreise waren sich dessen immer bewußt, daß die Stadt, als ein aus dem Kontext der Bindungen und Beziehungen zum Umland gesondert zu betrachtender Organismus, ohne räumlich übergreifende Koordination zwangsläufig in oft unlösbare Konfliktsituationen geraten müsse. Es war auch klar, daß die Regionalpläne alten Typs hier keine Abhilfe bringen, sondern daß die Städte einschließlich ihrer Einzugsgebiete zu planen und auf höherer Ebene Territorialpläne, eventuell auch gesamtstaatliche Entwicklungsschemata des Siedlungsnetzes aufzustellen seien. In diesem Sinne wurden die Regierungsbeschlüsse über die Territorialplanung von 1965 und 1966 gefaßt. Sie bezogen sich jedoch vorwiegend auf die im Maßstab der heutigen Bezirke zu lösenden Probleme, ohne eine gesamtstaatliche Synthese vorzusehen und ohne die grenzüberschreitenden Zusammenhänge ausreichend in Betracht zu ziehen.

Nach der Errichtung der Staatlichen Kommission für Investbau im Jahre 1963 (Kommission für wissenschaftlich-technische Entwicklung und Investitionen) verschärfte sich die Kritik an den bisherigen Planungsmethoden, was zur Vorbereitung der Novelle des Raum- und Stadtplanungsgesetzes aus dem Jahre 1958 führte.

Neben den bereits erwähnten Mängeln dieses Gesetzes (mechanische Bindung an die Wirtschaftspläne, geringe Flexibilität) sind weitere Faktoren aufgetreten, die die Veränderung dieses Gesetzes erforderlich machten. Es kam zu einem Wandel in den Auffassungen zur künftigen Entwicklung der gesamten Volkswirtschaft. Dies hing mit der größeren Selbständigkeit der wirtschaftlichen Organisationen, insbesondere der Industriebetriebe sowie mit größeren Rechtsbefugnissen - als Gegengewicht zu den wirtschaftlich starken Organisationen - der Nationalausschüsse als Vertreter der gesamtwirtschaftlichen Interessen zusammen.

In mehreren Städten und Gebieten mit komplizierten Umweltproblemen (Raum von Most und Ostrava) waren die Konflikte so ausgeprägt, daß spezielle Planungsorgane eingerichtet werden mußten, die mit der räumlichen Koordinierung aller Investitionen in dem betreffenden Gebiet beauftragt wurden. So sind als Organe der Nationalausschüsse die Büros der Stadtarchitekten (bzw. Stadtplanungsbüros) entstanden, deren Aufgabe es war, alle vorliegenden Planungsunterlagen und Planwerke zu revidieren bzw. zu ergänzen und für Städte bzw. Räume mit besonders komplizierten

Planungsproblemen Entwicklungskonzeptionen aufzustellen. Gleichzeitig wurden bei den Bezirken spezielle Planungsbüros für die städtebauliche Planung der Städte und ihrer Teilgebiete errichtet. Mit der Planung von größeren Räumen (Stadtregionen, Kohlegebieten, Erholungsgebieten) wurden zwei spezialisierte Planungsorganisationen beauftragt - das Staatliche Institut für Raumplanung (TERPLAN) in Prag für die CSR sowie das Staatliche Institut für Städtebau und Raumplanung (URBION) in Bratislava für die SSR. Diese Organisation der räumlichen und städtebaulichen Planung besteht im wesentlichen bis heute.

Im Jahre 1965 wurde mit der Ausarbeitung der sogenannten raumbezogenen physisch-technischen Planungsunterlagen begonnen, in denen die wichtigsten Entwicklungsfaktoren des gesamten Staatsgebietes erfaßt wurden. Aufgrund dieser Unterlagen konnte dann mit der Aufstellung der langfristigen Konzeption der Entwicklung der Siedlungsstruktur der CSR begonnen werden. Dazu wurde ein Regierungsbeschluß im Jahre 1967 gefaßt, in dem die Grundsätze der Entwicklung der Siedlungsstruktur auf der Grundlage eines dreistufigen Systems von Zentralen Orten festgelegt und auf das gesamte Staatsgebiet angewandt wurden.

Die Auswahl der Zentralen Orte wurde durch weitere Regierungsbeschlüsse aus den Jahren 1971 und 1972 bestätigt. Gleichzeitig erfolgte auch eine Kategorisierung der nichtzentralen Siedlungen. Die Planung der Entwicklung der Siedlungsstruktur der CSSR wurde mit den CSR- und SSR-Regierungsbeschlüssen aus dem Jahre 1976 abgeschlossen. Auf der Grundlage der vorher ausgearbeiteten Projekte der Urbanisierung wurden dabei die Zentren der höchsten Stufe, d. h. die Kernstädte der Stadtregionen festgelegt (siehe 1.3.1). Durch spezielle Regierungsbeschlüsse erfolgte die Festlegung der Grundsätze der städtebaulichen Entwicklung der Hauptstädte Prag und Bratislava. Gleichzeitig wurden auch die Grundsätze für die Entwicklung ländlicher Siedlungen bestätigt.

Diese Arbeiten an der Gestaltung der Entwicklung der Siedlungsstruktur signalisierten die Notwendigkeit, das geltende Raum- und Stadtplanungsgesetz zu novellieren. Neben den bereits erwähnten, wurden noch weitere Mängel dieses Gesetzes festgestellt, so z. B. die ungenügende Berücksichtigung der Probleme der Umweltgestaltung und des Umweltschutzes, des sparsamen Umganges mit Bauflächen sowie der Koordinierungsprobleme der räumlichen und städtebaulichen Planung mit der volkswirtschaftlichen Planung. Bei den Standortgenehmigungsverfahren wurden die fachlich-technischen Erfordernisse sowie die sich daraus ergebenden Aufgaben der Bauämter nicht genügend berücksichtigt. Auch die Sanktionen und Strafen für die Verletzung der gesetzlichen Bestimmungen konnten nur über die Bürger, jedoch nicht über die Organisationen verhängt werden. Trotz großer Bemühungen gelang es den Nationalausschüssen oft nicht, bei größeren Baumaßnahmen die öffentlichen Interessen zu schützen und durchzusetzen. Insbesondere im Verhältnis zu den großen Investitionsträgern war die Kompetenz der örtlichen Nationalausschüsse nicht ausreichend, so daß teilweise neue Produktionsstätten ohne entsprechende Abwasserkläranlagen, Abgasreinigungs- und Entstaubungsanlagen in Betrieb genommen wurden, was zu starken Umweltbelastungen in der Umgebung führte.

Die Planungspraxis hat die Notwendigkeit gezeigt, die verschiedenen Vorschriften sowie die Entscheidungsfindung stärker zu vereinheitlichen und die Planungsdokumente zu präzisieren. Im Jahre 1976 wurde daher ein neues Gesetz über Raumplanung und Bauordnung (Baugesetz, Gesetz Nr. 50, 1976) verabschiedet, das den Forderungen der Planungspraxis Rechnung trug. Grundsätzlich unterscheidet sich dieses Gesetz von den früheren gesetzlichen Regelungen dadurch, daß alle bisher geltenden raum- und stadtplanungsrelevanten Vorschriften und Regelungen in einem Gesetz und sieben Durchführungsvorschriften zusammengefaßt wurden. Dieses Paket von Vorschriften erfaßt den ganzen Planungs- und Bauprozeß von der Planungsvorbereitung bis zu der Inbetriebnahme von Bauten. Die Entscheidung ist grundsätzlich in einem Organ der Staatsverwaltung konzentriert, das die Bauprojekte vom Anfang bis zur Inbetriebnahme von Bauten und Anlagen zu verfolgen hat.

Dieses Gesetz unterscheidet nach der Größe des Planungsraumes drei Stufen (Region, Stadt, Stadtteil) und nach dem Zeitraum der Planung drei Kategorien der Planung (langfristige Prognose, mittelfristiger Plan, kurzfristiges Projekt).

Nach diesem Gesetz ist die räumliche und städtebauliche Planung Bestandteil des Systems der Steuerung der gesellschaftlichen Entwicklung. Sie soll im Einklang mit den Grundzielen und Aufgaben der volkswirtschaftlichen Pläne die komplexe funktionelle Nutzung des Raumes einschließlich der dafür erforderlichen organisatorischen Grundsätze sowie die Grundsätze seiner Organisation bestimmen und den Aufbau und andere die räumliche Entwicklung beeinflussende Tätigkeiten inhaltlich und zeitlich koordinieren. Sie hat gleichzeitig die Voraussetzungen für eine dauerhafte Synthese der Natur-, Zivilisations- und Kulturwerte in dem geplanten Gebiet zu schaffen, unter besonderer Berücksichtigung der Gestaltung der Umwelt und des Schutzes ihrer wichtigsten Komponenten - des Bodens, des Wassers und der Luft.

3.2 Volkswirtschaftliche Planung, Territorialplanung, Raumplanung und ihre Verflechtungen

3.2.1 Volkswirtschaftliche Planung

Die Entwicklung der Volkswirtschaft der CSSR wird durch volkswirtschaftliche Pläne gelenkt, die für wirtschaftliche und andere Tätigkeiten aller staatlichen Organe und sozialistischen Organisationen verbindlich sind. Sie sind ein Mittel zur Verwirklichung des Programmes der sozialökonomischen Entwicklung der Gesellschaft. In den volkswirtschaftlichen Plänen sind die Grundsätze der Wirtschafts- und Sozialpolitik des Staates, die Ziele dieser Politik für den jeweiligen Planungszeitraum sowie die Mittel, Formen und Wege zur Erreichung dieser Ziele konkret festgelegt.

Die volkswirtschaftliche Planung bildet ein abgestimmtes und einheitlich organisiertes System, das folgende Pläne einbezieht

- staatliche Pläne zur Entwicklung der Volkswirtschaft der CSSR, der CSR und der SSR
- staatliches Budget der CSSR, der CSR und SSR
- Währungsplan der CSSR
- Wirtschaftspläne
    - der zentralen Organe der CSSR, CSR, der SSR
    - der Bezirke
    - der sozialistischen Organisationen
    - der örtlichen Volksvertretungen
    - Territorialpläne

Die staatlichen Pläne der Föderation (CSSR) und der beiden nationalen Republiken (CSR und SSR) werden entsprechend dem Planungszeitraum folgendermaßen gegliedert:

- langfristige Entwicklungsperspektive der CSSR, in der die Grundziele der langfristigen wirtschaftlichen Entwicklung der CSSR sowie die Grundkonzeptionen der Entwicklung der wichtigsten Zweige der Volkswirtschaft festgelegt sind,

- mittelfristiger (meist 5jähriger) Entwicklungsplan der CSSR, in dem die Grundsätze und Aufgaben der sozialökonomischen Entwicklung in ihren inneren und äußeren Zusammenhängen und Proportionen sowie die Formen der Realisierung dieser Aufgaben festgelegt sind,

- Durchführungsplan (meist Jahresplan), der ausgehend von der Struktur und dem Inhalt des mittelfristigen Entwicklungsplanes die Aufgaben für den gegebenen Zeitraum präzisiert und konkretisiert.

Die übrigen volkswirtschaftlichen Pläne werden ebenfalls entsprechend dem Planungszeitraum gegliedert. In Bezug auf die Raumplanung sind die Territorialpläne von besonderer Wichtigkeit.

3.2.2 Territorialplanung

Die Entwicklung der einzelnen Territorien des Staates - von der Ausarbeitung der Grundsätze der wirtschaftlichen Entwicklung bis hin zu der endgültigen Standortwahl oder Bestimmung der Flächennutzung - wird vorwiegend durch zwei Planungsarten - die Territorialplanung und die Raumplanung - gelenkt.

Die Aufgabe der Territorialplanung ist es, die Ziele und Mittel einer wirtschaftlich effizienten und koordinierten Entwicklung der einzelnen Territorien festzusetzen und die optimale Nutzung ihrer Natur- und Wirtschaftsbedingungen zu gewährleisten.

Kurzgefaßt können die Ziele und Aufgaben der Territorialplanung folgendermaßen definiert werden: (vgl. CSR - Reg. VO Nr.- 36, 1977 und SSR - Reg. VO Nr. 37, 1977)

- Gestaltung einer rationellen Territorialstruktur der Volkswirtschaft,

- Bestimmung und Entwicklung der in den einzelnen Territorien im Rahmen der sozialistischen Arbeitsteilung auszuübenden Funktionen, die sich aus den Natur- und Wirtschaftsbedingungen des Territoriums und aus den Konzeptionen zur Entwicklung der Siedlungsstruktur ergeben (räumlich-funktionale Arbeitsteilung),

- Herbeiführung wirtschaftlich und sozial ausgewogener Proportionen in der territorialen Verteilung sowohl der Betriebe des primären und sekundären Sektors als auch des tertiären Sektors und in der Umweltvorsorge,

- Entwicklung einer rationellen Siedlungsstruktur, insbesondere durch die Standortverteilung des Wohnungsbaus, der gesellschaftlichen Einrichtungen und der technischen Infrastruktur,

- rationelle Standortverteilung der einzelnen Produktionszweige sowie sonstiger Aktivitäten, die unter Berücksichtigung spezifischer Bedingungen und Ressourcen der einzelnen Territorien Voraussetzungen für eine effiziente territoriale Spezialisierung, Kooperation und Leitung der Produktion schaffen,

- Bewertung der wirtschaftlichen und sozialen Entwicklungsstufe der einzelnen Territorien und Festlegung der Ziele ihrer zukünftigen Entwicklung,

- territoriale Ausgewogenheit der Ressourcen und des Bedarfes an Arbeitskräften im Hinblick auf ihre Qualifikations- und Altersstruktur, rationelle Verteilung des Nachwuchses und Lenkung der Migration der Bevölkerung.

Die Territorialplanung und die volkswirtschaftliche Planung sind miteinander eng verbunden. Dem Gesetz entsprechend ist die Territorialplanung verpflichtet, sich an der Aufstellung von volkswirtschaftlichen Plänen und Vorhaben zu beteiligen und bei der Entscheidungsfindung über die wirksamsten Maßnahmen aktiv mitzuwirken.

Im Rahmen der Beziehungen zwischen den einzelnen Wirtschaftszweigen werden die Anforderungen der in dem betreffenden Gebiet vorhandenen Betriebe der Industrie und der Landwirtschaft sowie der Einrichtungen des Schulwesens, des Gesundheitswesens, der sozialen Fürsorge usw.) bilanziert. Dabei wird angestrebt, daß insbesondere bei der Entscheidung über die Standortverteilung großer Investitionskomplexe die Territorialplanung einen Vorlauf vor der wirtschaftlichen Planung erreicht.

Bei der Aufstellung von Territorialplänen liegen die Schwerpunkte in:

- Abgrenzung der Schutzgebiete, Ruhegebiete und Schutzzonen und Gewährleistung ihres Schutzes,

- Bewertung der räumlichen Auswirkungen der im Territorium geplanten baulichen und anderen Maßnahmen und Vorbereitung von flankierenden Maßnahmen zur effizienten Nutzung der Bauten und Anlagen,

- Entwürfen zur Nutzung der Ressourcen und Flächenreserven für die gesellschaftlich wirksamste städtebauliche Entwicklung.

3.2.3 Raumplanung und ihre Beziehung zur volkswirtschaftlichen Planung und zur Territorialplanung

Die Raumplanung ist zusammen mit der Volkswirtschaftsplanung und hierbei insbesondere der Territorialplanung ein untrennbarer Bestandteil des Systems zur Steuerung der gesellschaftlichen Entwicklung. Deshalb müssen Territorialplanung und Raumplanung eng verbunden sein und miteinander kooperieren.

In dem Gesetz über Raumplanung und Bauordnung (Baugesetz von 1976) ist die Bedeutung der Raumplanung besonders unterstrichen, vor allem im Hinblick auf:

- ihre aktive Rolle bei der Durchsetzung gesamtgesellschaftlicher Interessen und ihre objektive Funktion als umfassendes Instrument zur Gestaltung der materiellen Umwelt;

- die Herausbildung eines logisch verbundenen Systems von Instrumenten der volkswirtschaftlichen und der räumlichen Planung einschließlich deren Unterlagenbereitstellung und Planaufstellung. Für jede Phase des Planungsprozesses werden die entsprechenden Planungsdokumente erstellt, als Mittel für eine aktive Vorbereitung und Realisierung langfristiger Entwicklungsperspektiven oder mittelfristiger Entwicklungspläne bzw. auch der kurzfristigen Durchführungspläne zur Entwicklung der Volkswirtschaft;

- die wachsende Bedeutung der räumlichen Faktoren und der optimalen Nutzung der spezifischen physischen, technischen und gesellschaftlichen (ökonomischen, demographischen, sozialen, kulturellen usw.) Gegebenheiten für die sich komplex darstellende Entwicklung der Territorien und ihrer Teile;

- die intensivere Anwendung von Methoden und Instrumenten der Raumplanung bei der Koordination der wirtschaftlichen Aktivitäten im Territorium und bei der zeitlichen Abstimmung der Grundinvestitionen mit den unmittelbaren und mitttelbaren Folgeinvestitionen.

So kann die Raumplanung in den einzelnen Phasen der Vorbereitung und Realisierung von volkswirtschaftlichen Plänen auf die Volkswirtschafts- und Territorialplanung effektiv einwirken. Sie kommt insbesondere bei der Standortbestimmung von Investitionen, bei der Prüfung der Komplexität der Baumaßnahmen (aus der Sicht der notwendigen Folgeinvestitionen) und bei der Bestimmung des Aufbautempos (unter Beachtung der technischen und räumlichen Bedingungen, der zeitlichen Koordinierung mit anderen Bauten, sowie der Wirtschaftlichkeit der Investitions- und Betriebskosten) zur Geltung. Falls die Realisierung der Vorhaben der volkswirtschaftlichen Planung eine spürbare Verschlechterung der Umwelt zur Folge hätte oder mit unvertretbarem Aufwand verbunden wäre, kann die Raumplanung Einspruch erheben.

Der wachsende Druck auf die Flächennutzung und die damit verbundenen meistens durch Investitionen und technische Eingriffe ausgelösten Veränderungen im Siedlungsnetz und in der Organisation der Siedlungen und der Landschaft machen eine wirksame Koordination der Entwicklungsprozesse erforderlich. Grundsätzlich handelt es sich dabei um zweierlei Koordinationsbereiche, den ökonomischen, mit Hilfe von Abgaben, Krediten und Dotationen und den raumplanerischen, in Verbindung mit raumplanerischen Studien und Planungsdokumenten.

Die Instrumente der ökonomischen Koordination werden sowohl auf der zentralen als auch auf der regionalen und örtlichen Ebene zur zielgerichteten Lenkung der sozialökonomischen Entwicklung der Territorien, Städte und Mikroräume sowie zur Verminderung und allmählichen Beseitigung der wesentlichen Unterschiede in ihrem Entwicklungsniveau eingesetzt.

Die raumplanerische Koordination besteht aus der Aufstellung der Entwicklungskonzeption für die Siedlungsstruktur der beiden nationalen Republiken, der Stadtregionen und deren Teilgebiete sowie aus der Festlegung der räumlichen Bedingungen für die Lokalisierung von Bauten und Anlagen und der Proportionen der damit zu entwickelnden Funktionen.

Die ökonomische Koordination erfolgt im Rahmen der Territorialplanung und stützt sich auf die Analyse der Natur- und Wirtschaftsstruktur und der Entwicklungstendenzen. Sie ist auf die ökonomische Entwicklung der einzelnen Territorien des Staates im Rahmen des gesamtstaatlichen volkswirtschaftlichen Planes ausgerichtet und definiert auf dieser Grundlage die Ziele und die zu ihrer Erreichung notwendigen Mittel.

Ein Bestandteil der raumplanerischen Koordination ist auch die Entscheidungsfindung über die baulichen und technischen Eingriffe in das betreffende Gebiet sowie über die Organisation seiner Funktionen und seiner Struktur entsprechend den bestehenden Grundsätzen für seine räumliche Ordnung.

Sowohl die Territorialplanung als auch die Raumplanung wenden in ihrer praktischen Tätigkeit spezifische Verfahren, Mittel und Instrumente an. Diese dienen der Realisierung der in den Territorialplanungs- oder Raumplanungsdokumenten enthaltenen Konzeptionen und Vorhaben. Bestandteile der Territorialplanungsdokumente sind volkswirtschaftliche Prognosen, lang-, mittel- und kurzfristige Entwicklungspläne sowie die zu ihrer Realisierung notwendigen ökonomischen Instrumente.

Zu den wichtigsten Instrumenten der Raumplanung gehören die Raumplanungsdokumente und die Entscheidungsbefugnis über Flächennutzung, die den Organen der Staatsverwaltung zusteht. Danach folgen die Baugenehmigung, die Aufsicht über die Realisierung der Bauten und die anschließenden Nutzungsgenehmigungen.

Abb. 16: Verflechtungen von volkswirtschaftlicher Territorial- und Raumplanung

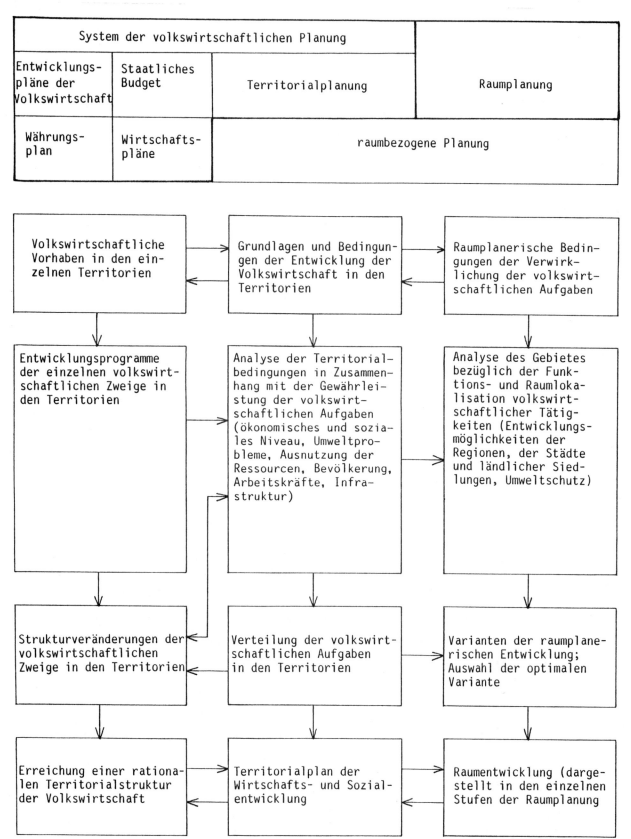

3.3 Organisationsstruktur der Planung

3.3.1 Organe der Territorialplanung

Die Rechtsbefugnisse der an der Territorialplanung mitwirkenden Organe entsprechen ihrer Stellung im System der Organe der Staatsgewalt und der Staatsverwaltung. In Bezug auf die Lenkung der räumlichen Entwicklung ist die Wirkung dieser Organe im Bereich der Territorialplanung von besonderer Wichtigkeit (vgl. Abb. 17). Die Kompetenz der mitwirkenden Organe ist folgendermaßen definiert:

- Die Regierungen der CSR und der SSR haben die Aufgabe, im Einklang mit den Grundrichtungen der durch die Regierung der CSSR festgelegten Territorialpolitik:

    * die Grundsätze der Entwicklung der einzelnen Territorien, die Grundsätze der Standortverteilung der Produktionszweige auf dem Gebiet der CSR bzw. der SSR und deren einzelnen Territorien, die Grundsätze der regionalen Dotationspolitik sowie den Umfang der Dotationen festzulegen,

    * die Territorialpläne als Bestandteile der volkswirtschaftlichen Entwicklungspläne der CSR und der SSR zu genehmigen.

- Die Tschechische und die Slowakische Plankommission gewährleisten die territoriale Proportionalität der Entwicklung der Volkswirtschaft auf dem Gebiet der beiden Republiken. Zu diesem Zweck werden von diesen beiden nationalen Plankommissionen für die Regierung folgende Vorschläge und Dokumente ausgearbeitet:

    * Analyse der Wirtschaftsentwicklung in den einzelnen Territorien
    * Grundsätze der Entwicklung der Territorien und Maßnahmen zu ihrer Realisierung
    * Entwürfe der Territorialpläne und der für ihre Verwirklichung erforderlichen wirtschaftlichen Instrumente
    * methodische Hinweise zur Aufstellung von Territorialplänen

Abb. 17: Organisation und Ablauf der Planung in der ČSSR

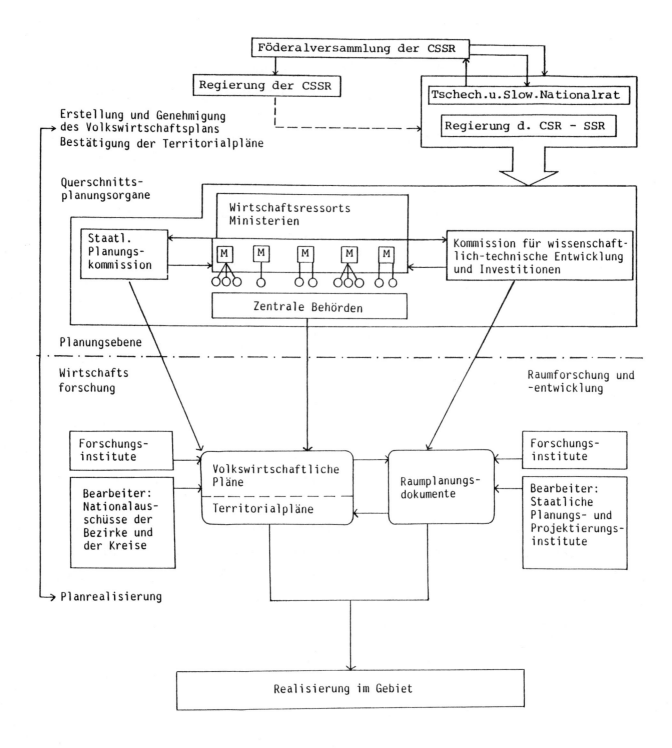

* Koordinierung der Territorialplanung auf den Ebenen der zentralen Behörden, der Nationalausschüsse der Bezirke und der Hauptstädte Prag und Bratislava
* verbindliche Stellungnahme zur Verteilung der Produktivkräfte (insbesondere der Investitionen und der Arbeitskräfte)

- Die zentralen Behörden (Ministerien, Staatskommissionen, Generaldirektionen) sind verpflichtet, in den Wirtschaftsplänen der ihnen unterstellten Organisationen im Einklang mit den entsprechenden Territorialplänen eine effektive und rationale Entwicklung der Territorien zu gewährleisten.

Zu diesem Zweck haben sie:
* mit den nationalen Plankommissionen und den Nationalausschüssen der Bezirke die Entwicklungsaufgaben der ihnen unterstellten Organisationen in den Territorien, insbesondere die Vorschläge zur Verteilung der Produktivkräfte und der Entwicklung des Beschäftigungsgrades, sowie die Anforderungen an die Entwicklung der Wirtschaftszweige zu beraten und abzustimmen;
* eigene territorial gegliederte Wirtschaftspläne aufzustellen und sie den nationalen Plankommissionen und den jeweiligen Nationalausschüssen der Bezirke vorzulegen;
* die Aufgaben des Territorialplanes zuzuordnen und spezielle Planungsrichtwerte der nationalen Plankommission und den Nationalausschüssen der Bezirke vorzulegen.

Die zentralen Behörden und die sozialistischen (volkseigenen und genossenschaftlichen) Organisationen haben die in den methodischen Hinweisen definierten oder die von der Plankommission bereitgestellten Grundlagen für die Aufstellung der langfristigen Entwicklungsperspektiven der Territorien den nationalen Plankommissionen und den Nationalausschüssen der Bezirke vorzulegen.

Den Nationalausschüssen der Bezirke obliegt:

- die territoriale Proportionalität der wirtschaftlichen Entwicklung im Bezirk zu gewährleisten;
- entsprechend den wirtschaftspolitischen Richtlinien der nationalen Regierungen (CSR, SSR) komplexe Vorschläge zur langfristigen Entwicklungsperspektive, zu den mittelfristigen und zu kurzfristigen Territorialplänen auszuarbeiten und der nationalen Plankommission vorzulegen;
- aufgrund von Sondervorschriften Entscheidungen über die Koordination der Arbeitskräfteverteilung, der Standortverteilung von Baumaßnahmen und der Verteilung des Wohnungsbaus zu treffen;
- die Voraussetzungen für die Realisierung der angestrebten Siedlungsstruktur zu schaffen und Vorschläge zur Gestaltung der Wirtschaftsstruktur und zur Größe der Zentren von überörtlicher Bedeutung auszuarbeiten;
- die Erfüllung der in den Territorialplänen definierten Aufgaben zu kontrollieren.

Die Nationalausschüsse der Bezirke sind auch verpflichtet, die wichtigsten Grundlagen für die Aufstellung von Territorialplänen zu beschaffen, insbesondere:

- Analysen der natürlichen und wirtschaftlichen Bedingungen und Ressourcen
- Analysen der Entwicklung der Wirtschaftszweige im Bezirk
- Analysen der Siedlungsstruktur
- territoriale Bilanzen, insbesondere:
  - der Bevölkerung und der Arbeitskräfte
  - des Wohnungsbauvolumens
  - der Standortverteilung und Ausnutzung der Baukapazitäten
- Kennziffern der Entwicklung des Territoriums

Die Nationalausschüsse der Kreise haben:
- zusammen mit den Nationalausschüssen der Bezirke an der Aufstellung von Territorialplänen mitzuwirken
- die langfristige Entwicklungsperspektive des Bezirkes für das Gebiet ihres Kreises zu konkretisieren

- an der Realisierung der genehmigten Konzeption für die künftige Siedlungsstruktur mitzuwirken und Vorschläge zur wirtschaftlichen Entwicklung und zur Festlegung von Orientierungsgrößen für die Zentren von örtlicher Bedeutung auszuarbeiten
- die Erfüllung des Territorialplanes innerhalb ihres Kreises zu kontrollieren
- die statistischen Daten und Kennziffern der sozialökonomischen Entwicklung der Kreise zu erfassen und fortzuschreiben.

Die Nationalausschüsse der Kreise beteiligen sich an der Ausarbeitung von:

- Analysen der natürlichen und wirtschaftlichen Bedingungen und Ressourcen
- Analysen der Entwicklung des tertiären Sektors im Kreis und Vorschlägen zu seiner Weiterentwicklung
- Analysen der Entwicklung der Siedlungsstruktur
- territorialen Bilanzen
- weiteren vom Nationalausschuß des Bezirkes festgelegten Grundlagen für die Aufstellung des Territorialplanes.

3.3.2 Organe der Raumplanung

Als Organe der Raumplanung wurden im Baugesetz folgende Behörden bestimmt:

- Staatliche Kommission (bis 1984 Föderalministerium) für wissenschaftlich-technische Entwicklung und Investitionen
- Tschechische und Slowakische Kommissionen (bis 1984 Ministerien) für wissenschaftlich-technische Entwicklung und Investitionen
- Nationalausschüsse der Bezirke
- Nationalausschüsse der Kreise
- Nationalausschüsse der Städte
- Organe des Föderalministeriums für die nationale Verteidigung (nur auf dem Gebiet der Militärbezirke).

Die Organe der Raumplanung sind durch das Baugesetz verpflichtet, im Rahmen ihrer Befugnis die Raumplanungsdokumente entsprechend den Anforderungen der räumlichen und wirtschaftlichen Entwicklung aufzustellen. Generalbebauungspläne oder Bebauungspläne werden für den Neubau, die Umgestaltung, den Ausbau von Städten und Siedlungen oder ihrer Teilgebiete aufgestellt.

Die Kompetenzen zur Aufstellung von Raumplanungsdokumenten sind folgendermaßen verteilt:

- die Aufstellung der Planungsdokumente für Städte, Siedlungen und deren Teilgebiete steht den Nationalausschüssen
    - der Kreise
    - der Bezirkshauptstädte
    - der Hauptstädte Prag und Bratislava zu;

- die Aufstellung der Raumplanungsdokumente für große Raumeinheiten (Regionen) steht den Nationalausschüssen
    - der Bezirke
    - der Hauptstädte Prag und Bratislava zu.

Die Tschechischen und die Slowakischen Kommissionen für wissenschaftlich-technische Entwicklung und Investitionen haben die Aufgabenbewältigung im Rahmen der räumlichen und städtebaulichen Planung zu lenken und dabei zu kontrollieren, ob die Aufstellung der Planungsdokumente und ihr Umfang hinreichend begründet sind und ob sie den Aufgaben und Zielsetzungen der volkswirtschaftlichen Pläne Rechnung tragen. Die Aufsichtsbefugnis beider Kommissionen wird einerseits durch die Kontrolle der planerischen Entwurfsarbeiten und andererseits durch Arbeitskontakte mit den Organen, die für die Aufstellung der Pläne zuständig sind, zur Geltung gebracht.

Die Organe der Raumplanung stellen die Raumplanungsdokumente auf:
- aus eigener Initiative
- im Auftrag des übergeordneten Organs der Raumplanung
- auf Antrag der Nationalausschüsse niedrigerer Stufe, anderer Organe der Staatsverwaltung oder der sozialistischen Organisationen.

In ihrer Tätigkeit konzentrieren sich die Organe der Raumplanung auf folgende Schwerpunkte:

- intensive Untersuchung des Planungsraumes, seiner Eigenschaften, Mängel und Funktionskonflikte, insbesondere im Hinblick auf seine voraussichtliche Entwicklung
- Formulierung der Ziele der Aufstellung der Planungsdokumente und Vorbereitung des Verfahrens für ihre Genehmigung
- systematische Erfassung der im Planungsraum erfolgten Veränderungen und Berücksichtigung in den Planungsdokumenten
- Kontrolle der Planungsunterlagen und der Ausarbeitung der Planungsdokumente in Planungs- und Entwurfsbüros
- ausführliche Erläuterung und Beratung der Planungsdokumente und ordnungsgemäßes Genehmigungsverfahren

3.3.3 Organe der Staatsverwaltung

Bei der Erarbeitung, Beratung und Genehmigung der Planungsdokumente sowie bei der Lenkung der räumlichen Entwicklung kommt auch den anderen Organen der Staatsverwaltung eine wichtige Rolle zu. Dies gilt insbesondere für:

- zentrale Organe der Staatsverwaltung der Föderation und der beiden nationalen Republiken, deren Rechte und Verpflichtungen in Bezug auf die Raumplanung in ihren Statuten oder in besonderen Verordnungen definiert sind, eventuell auch die ihnen untergeordneten Organisationen;
- sämtliche Nationalausschüsse, insbesondere die der höheren Stufen, die von den in den Planungsdokumenten vorgesehenen Maßnahmen berührt sind.

Entsprechend der jeweiligen Aufgabenstruktur wirken bei der Erarbeitung von Planungsdokumenten und bei der Lenkung der räumlichen Entwicklung die folgenden Organe mit:
- hygienischer Dienst
- Feuerwehr
- Zivilschutz
- Militärverwaltung

- Arbeitssicherheitsinspektion
- Denkmalschutz
- Naturschutz
- Landwirtschaft
- Forstwirtschaft
- Wasserwirtschaft
- Verkehr
- Fernmeldewesen

Im Bedarfsfalle wirken bei der Aufstellung der Planungsdokumente auch weitere staatliche Organe mit, z. B. Bergbaubezirksämter, Tschechoslowakische Kommission für Atomenergie, zentrale Organe des geologischen Dienstes, usw.

3.4 Instrumente und Methoden der Raumplanung

Das im Baugesetz festgelegte Instrumentarium der Raumplanung soll der zunehmenden Bedeutung des Raumes als Wirtschaftsfaktor Rechnung tragen.

Dieses Instrumentarium dient der Auswahl und der Ausarbeitung geeigneter Planungsdokumente im Bereich der Bebauung, der Flächennutzung und der Raumordnung. Es soll gleichzeitig eine aktivere Rolle der Raumplanung bei der Vorbereitung und Durchführung von Plänen zur rationellen Standortverteilung der Arbeitskräfte, zur koordinierten Entwicklung der Territorien und zur optimalen Nutzung ihrer Ressourcen gewährleisten. Das Instrumentarium der Raumplanung wird in drei Gruppen unterteilt:

- raumplanerische Unterlagen,
- Raumplanungsdokumente und
- Entscheidungen über die Flächennutzung.

3.4.1 Raumplanerische Unterlagen

Es gibt vier Arten von raumplanerischen Unterlagen:

a) städtebauliche Studie
b) Rahmenkonzept der räumlichen Ordnung
c) Register von Baugrundstücken für den Eigenheimbau
d) physisch-technische Unterlagen.

Zwischen diesen raumplanerischen Unterlagen bestehen keine zeitlichen oder räumlichen Bindungen. In der Methode ihrer Ausarbeitung und im räumlichen Bezug dieser Unterlagen gibt es keine wesentlichen Unterschiede. Verschieden sind auch die Formen ihrer Beratung und Genehmigung sowie ihrer Anwendung in der Planungspraxis.

Städtebauliche Studie

Die städtebauliche Studie dient zur komplexen Lösung der Planungsprobleme von Stadtteilen mit besonders komplizierten räumlichen, technischen, städtebaulichen oder architektonischen Rahmenbedingungen und Gegebenheiten. Laut Baugesetz dient die städtebauliche Studie grundsätzlich zur Vertiefung oder Überprüfung der Raumplanungsdokumente. In Ausnahmefällen kann sie auch als Ersatz für fehlende Raumplanungsdokumente bei der Entscheidung über Flächennutzungen angewandt werden.

Sie wird im Auftrag der Bauämter oder der Organe der Raumplanung aufgestellt, die diese städtebauliche Studie bei der Vorbereitung von Investitionsvorhaben oder sonstiger raumgebundener Tätigkeiten benötigen. Den Inhalt und das Ausmaß der städtebaulichen Studie (die von Entwurfsbüros ausgearbeitet wird) bestimmt der Auftraggeber. Die wichtigsten raumrelevanten, demographischen und ökonomischen Angaben sollen in übersichtlichen Tabellen aufgeführt werden. Die städtebauliche Lösung soll in der erforderlichen Ausführlichkeit dargestellt werden.

Die städtebauliche Studie bedarf keiner Genehmigung, da sie lediglich die ergänzenden Aufgaben und Vorschläge für die Aufstellung der Raumplanungsdokumente zu liefern hat. Sie dient als Unterlage sowohl für die Entscheidung über Flächennutzungen als auch für die Aufstellung der Raumplanungsdokumente.

Rahmenkonzept der räumlichen Ordnung

Im Rahmenkonzept der räumlichen Ordnung werden die Probleme und Zusammenhänge der Koordination verschiedener Siedlungsfunktionen (Wohnen, Industrie, Landwirtschaft, gesellschaftliche Einrichtungen, Verkehr, technische Infrastruktur, Dienstleistungen, Grünflächen) untersucht und die Informationen, Anforderungen und Vorgaben der einzelnen Ressorts mit den räumlichen Gegebenheiten konfrontiert. Dieses Rahmenkonzept wird in solchen Fällen erarbeitet, in denen die Zuweisung einer Siedlungsfunktion auf einer Stufe der Raumplanungsdokumente zu vertiefen ist, oder wo es für eine qualifizierte Aufstellung von weiteren Stufen und Kategorien von Planungsdokumenten notwendig ist. Es ersetzt jedoch nicht die Entwicklungskonzeptionen der Wirtschaftszweige, welche die dafür zuständigen Organe und Organisationen als Grundlage für die Raumplanung aufzustellen haben.

Das Rahmenkonzept der räumlichen Ordnung wird im Auftrag desjenigen Organs der Raumplanung aufgestellt, das es für die Ausarbeitung der Raumplanungsdokumente benötigt. Dieses Organ setzt daher auch dessen Inhalt und Umfang fest.

Register der Baugrundstücke für den Eigenheimbau
Eine wichtige Voraussetzung für den zügigen Bau von Eigenheimen ist die Standortwahl der dazu geeigneten Baugrundstücke sowie die Bereitstellung der notwendigen Baulandreserven.

Im Unterschied zu anderen raumplanerischen Unterlagen muß das Register der Baugrundstücke genehmigt werden. Die Genehmigung dieses Registers steht den Nationalausschüssen höherer Stufen zu, die die Aufstellung der Planungsdokumente der Städte (Siedlungen) und ihrer Teilgebiete - unter Mitwirkung des örtlichen Nationalausschusses - in Auftrag geben. Das genehmigte Register der Baugrundstücke stellt eine wichtige rechtliche Grundlage für den Zwangsverkauf (bzw. Enteignung) der Baugrundstücke zugunsten des Staates dar. Dadurch wird eine Baulandreserve geschaffen, über die die Nationalausschüsse verfügen, worin der Schwerpunkt der rechtlichen Bedeutung zu sehen ist. Zwecks Vereinheitlichung des Verfahrens bei der Aufstellung der Register der Baugrundstücke für den Eigenheimbau hat das ehemalige Ministerium (heute Staatskommission) für wissenschaftlich-technische Entwicklung und Investitionen spezielle methodische Hinweise herausgegeben.

Physisch-technische Unterlagen
Die physisch-technischen Unterlagen sind eine Zusammenstellung von laufend zu ergänzenden zweckgebundenen Angaben, die für das ganze Gebiet der CSR und der SSR bzw. für bestimmte Räume erfaßt werden. Sie dienen insbesondere zur

- Aufstellung der Raumplanungsdokumente
- Gestaltung der Investitionspolitik
- laufenden Erfassung der in der räumlichen Struktur und in der Flächennutzung erfolgten Veränderungen
- Entscheidung über Flächennutzungen, falls die entsprechenden Raumplanungsdokumente nicht vorliegen.

Die physisch-technischen Unterlagen für das ganze Staatsgebiet bzw. für das Gebiet der nationalen Republiken (CSR, SSR) werden im Auftrag der Tschechischen bzw. Slowakischen Kommission für wissenschaftlich-technische Entwicklung und Investitionen erarbeitet und laufend ergänzt. Diese Unterlagen können auch für kleinere Räume - mit Zustimmung der o. a. Kommissionen - im Auftrag der Nationalausschüsse der Bezirke und der beiden Hauptstädte (Prag, Bratislava) erarbeitet werden.

Die physisch-technischen Unterlagen stellen einen offenen Komplex von Informationen mit zwei integralen Komponenten dar:

- System von ausgewählten Angaben und Informationen über die Bedingungen und Eigenschaften des Raumes und über den Zustand der Umwelt. Von diesen Angaben können partielle oder komplexe Daten und Vorgaben für die zentralen Behörden oder Nationalausschüsse abgeleitet werden. Das System besteht aus drei Bestandteilen:

  * Datenbank ausgewählter Daten und Informationen
  * Sammlung standardisierter kartographisch und tabellarisch erfaßter Informationen
  * Katalog von Programmen und Verfahren zur schnellen Auswertung von Informationen

- Konzeption der Urbanisierung, die eine Darstellung der Entwicklung der Siedlungsstruktur und der funktionalen Flächennutzung beinhaltet. Sie wird entsprechend den wachsenden Erkenntnissen über die Entwicklung der Produktivkräfte und der Umwelt in den einzelnen Räumen jeweils weiter präzisiert.

Der Inhalt der physisch-technischen Unterlagen wird entsprechend den Anforderungen des Entscheidungsprozesses vertieft und aktualisiert.

3.4.2 Raumplanungsdokumente

Die Raumplanungsdokumente werden nach zwei Aspekten - Zeithorizont und Größe des beplanten Raumes - in Kategorien bzw. Stufen gegliedert. Man unterscheidet folgende drei Kategorien von Raumplanungsdokumenten:

- Prognose der räumlichen Entwicklung/Zielprojektion
- Raumordnungsplan/Siedlungsleitplan/Generalbebauungsplan
- Raum-/Flächennutzungsplan/Bebauungsplan

Die Prognose der räumlichen Entwicklung/Zielprojektion wird für einen längeren Zeitraum, meistens über 25 Jahre, erstellt. Sie soll die Möglichkeiten der langfristigen Entwicklung eines Raumes bzw. seiner städtebaulichen Funktionen untersuchen und in Varianten veranschaulichen. In Verbindung mit den Zielsetzungen der langfristigen Entwicklungsperspektiven bezieht sich die Prognose auf die Bevölkerungsentwicklung, die Entwicklung der Lebensbedingungen und die Tendenzen der wirtschaftlichen und technischen Entwicklung des betreffenden Raumes.

Der Raumordnungsplan/Siedlungsleitplan/Generalbebauungsplan hat einen Zeithorizont von 25 Jahren. Er bestimmt die funktionale Gliederung der Flächen, die Grundsätze ihrer räumlichen Ordnung und Nutzung sowie die Bedingungen weiterer Baumaßnahmen im Hinblick auf die Grundziele der langfristigen Entwicklungsperspektive der Volkswirtschaft.

Der Raum-/Flächennutzungsplan/Bebauungsplan hat einen Zeithorizont von 5 - 10 Jahren. Er bestimmt die Flächennutzung und die Bebauungsweise und legt die Rahmenbedingungen für die fachliche und zeitliche Koordination der örtlich konzentrierten Baumaßnahmen fest. Dabei geht er vor allem von den Zielen und Aufgaben des staatlichen Entwicklungsplanes für die Volkswirtschaft aus.

Entsprechend der Größe des zu beplanenden Raumes unterscheidet man die drei folgenden Stufen von Raumplanungsdokumenten:

- Große Raumeinheit (Region, Bezirk)
- Siedlungskomplex (Agglomeration, Stadt)
- Stadtteil

Unter großer Raumeinheit versteht man ein Gebiet, in dem es mehrere Siedlungskomplexe (Städte) gibt bzw. in dem spezifische Aufgaben und Probleme des Bergbaus, der Industrie, der Landwirtschaft, der Erholung usw. zu berücksichtigen sind.

Unter Siedlungskomplex versteht man eine Siedlungseinheit einschließlich ihres Einzugsbereiches, die ein geschlossenes, von anderen Siedlungen räumlich getrenntes Ganzes bildet.

Unter Stadtteil versteht man besiedelte Gebiete, wie z. B. Wohngebiet, Industriegebiet, Stadtzentrum einschließlich zugehöriger Freiräume.

Aus der Kombination der Kategorien und der Stufen der Raumplanungsdokumente ergeben sich theoretisch neun mögliche Arten der Raumplanungsdokumente (vgl. Abb. 18).

Wie sich aus dem Text ergibt, ist der direkt aus dem Tschechischen übersetzte Begriff "Raumplanungsdokument" als der abgestimmte räumliche Plan, entsprechend den deutschen Begriffen Regionalplan, Flächennutzungsplan etc. zu verstehen. Die in Abb. 18 dargestellte Gliederung des Raumplanungsdokuments in die einzelnen, räumlich und zeitlich differenzierten Pläne, gibt sehr unterschiedliche Begriffe wieder. Hierbei ging es um eine möglichst inhaltsgenaue und dem Sinn entsprechende deutsche Begriffswahl für die tschechischen Fachtermini. Es ist darauf hinzuweisen, daß somit z. T. verwendete Begriffe, die auch in gleicher Form in der deutschen Planungspraxis gebräuchlich sind (z. B. Bebauungsplan), mit diesen inhaltlich nicht vollständig gleichzusetzen sind.

Aufstellung der Raumplanungsdokumente

Für die Aufstellung der Raumplanungsdokumente sind vor allem die Nationalausschüsse zuständig, die die Verantwortung für die Entwicklung des jeweiligen Raumes tragen. Wo es begründet ist, kann sich das übergeordnete Organ der Raumplanung die Aufstellung der Raumplanungsdokumente vorbehalten. Am Prozeß der Raumplanung beteiligen sich zum einen das für die Aufstellung der Raumplanungsdokumente

Abb. 18: Gliederung des Raumplanungsdokumentes

Maßstab	Ausdehnung	Langfristige Perspektive	bis 25 Jahre	5 - 10 Jahre
1 : 100.000	Große Raumeinheit (z. B. Bezirk)	Prognose der räumlichen Entwicklung	Raum-ordnungs-plan	Raum-nutzungs-plan
1 : 50.000 1 : 10.000	Siedlungskomplex - Agglomeration - einzelne Stadt	Zielprojektion (mit Varianten)	Siedlungs-leitplan	Flächen-nutzungs-plan
1 : 2.000 1 : 500	Stadtteil	Zielprojektion (mit Varianten)	General-bebauungs-plan	Bebauungs-plan

Die dicker umrandeten Kästchen kennzeichnen die am häufigsten vorzufinden-den Planungsformen bezüglich räumlicher und zeitlicher Dimension in der CSSR. Im nachfolgenden Text wurden in der Regel diese Begriffe verwendet.

zuständige Organ der Staatsverwaltung, zum anderen der Auftragnehmer, d. h. die Entwurfsorganisation (Planungsstelle), die berechtigt ist, Pläne und Projekte zu erstellen.

Der Erarbeitung der Raumplanungsdokumente geht als wichtiger Schritt die Ermittlung der notwendigen Unterlagen und Daten über den Zustand des Planungsraumes und seine Entwicklungstendenzen voraus. Dazu ist der Auftraggeber unter Mitwirkung sämtlicher Organe der Nationalausschüsse verpflichtet. In der Praxis bestellt der Auftraggeber die Vorbereitung dieser Unterlagen bei einer Fachorganisation.

Aufgrund der Auswertung der ermittelten Daten und Unterlagen – hinsichtlich ihrer – Anwendbarkeit und Verbindlichkeit – grenzt der Auftraggeber das Plangebiet ab und beauftragt den Auftragnehmer (Entwurfsbüro) mit der Durchführung der Untersuchungen und Analysen. Ihr Zweck ist es, von der Auswertung der physisch-technischen Unterlagen, den Vorbereitungsarbeiten und der Untersuchungen ausgehend, die territoriale Disproportionalität und die Entwicklungstendenzen, -möglichkeiten und -bedürfnisse des Planungsraumes aufzuzeigen.

Aufgrund der durchgeführten Untersuchungen ist es dann möglich, die räumlichen Gegebenheiten fundiert zu ermitteln und davon ausgehend "den gesellschaftlichen Auftrag" für die Ausarbeitung der für den gegebenen Zweck geeignetsten Kategorie der Raumplanungsdokumente zu formulieren. Dem gleichen Zweck dient die "Problemkarte", die zur Formulierung der "Prognoseaufgabe", der "räumlichen und wirtschaftlichen Grundsätze" und des Bauprogramms angewendet wird. In diesen Plänen sind die Anforderungen und Aufgaben sämtlicher Organe, die in dem Planungsraum gewisse Interessen haben, zusammengestellt. Die Vorschläge für diese Pläne erarbeitet der Auftragnehmer unter Mitwirkung der davon berührten Organe des zuständigen Nationalausschusses und der Nationalausschüsse niedrigerer Stufe, deren Gebiet von den geplanten Maßnahmen beeinflußt wird. Nach Beratung mit den betroffenen Organen der Staatsverwaltung bzw. den übergeordneten Raumplanungsinstitutionen werden diese Pläne von dem Nationalausschuß genehmigt, der ihre Ausarbeitung in Auftrag gegeben hat.

Eine wichtige Rolle im Prozeß der Raumplanung spielt die Ausarbeitung eines Problemlösungskonzeptes. Dessen Aufgabe ist es, die Richtigkeit der vorgegebenen Grundkonzeption zu überprüfen. Der Inhalt und die Gliederung des Problemlösungskonzeptes sind nicht generell festgelegt, sondern werden jeweils vom Auftraggeber in Form eines "gesellschaftlichen Auftrages" näher bestimmt.

Das Problemlösungskonzept stellt die Vorstellung des Entwurfsverfassers über die Gestaltung des Planungsraumes dar. Er hat das Konzept mit den zuständigen Nationalausschüssen und sonstigen Organen der Staatsverwaltung zu beraten und abzustimmen. Zur Einsichtnahme ist ihnen eine Frist von mindestens 30 Tagen zu gewähren. Diese Organe sind verpflichtet, ihre Stellungnahme zum Konzept im Laufe der Verhandlungen mitzuteilen. Dies gilt auch für das übergeordnete Organ der Raumplanung, das bei den Verhandlungen die methodische und fachliche Aufsicht auszuüben hat. Aufgrund der Verhandlungsergebnisse stellt der Auftraggeber eine komplexe Stellungnahme zum Problemlösungskonzept zusammen, die den verbindlichen Hinweis für die Ausarbeitung des eigentlichen Entwurfes des Raumplanungsdokumentes darstellt.

Der Inhalt der Raumplanungsdokumente ist in der Anordnung Nr. 84/1976 näher festgelegt. Die Aufgabe des Auftraggebers ist es, im Kapitel "Besondere Anforderungen und Bedingungen für die Gesamtlösung" dem Entwurfsverfasser den Inhalt der Raumplanungsdokumente und die Anwendung der "Vereinheitlichten Zeichen für die graphischen Teile der Raumplanungsdokumente" vorzugeben.

3.4.3 Entscheidung über die Flächennutzung und Standortgenehmigungsverfahren

Ein wesentliches Element der Raumplanung ist die Entscheidung über die Flächennutzung. Die verbindlichen Vorgaben der Raumplanung, die insbesondere in den Raumplanungsdokumenten festgelegt sind, gelten für die Projektvorbereitungen, die Bauplanung und alle anderen Tätigkeiten, die eine Veränderung der Flächennutzung und der Raumstruktur zur Folge haben. Mit der Entscheidung über die Flächennutzung legen die Bauämter die Bedingungen für Standortfestlegungen sowie bauliche und andere raumbezogene Aktivitäten fest. Nur durch eine Entscheidung über die Flächennutzung ist es möglich, den Standort von Bauten zu bestimmen, wichtige Funktionen im Raum zu schützen und die Flächennutzung zu ändern. Die Entscheidung über die Flächennutzung wird als Ergebnis des Standortgenehmigungsverfahrens getroffen.

Laut Baugesetz unterscheidet man vier Arten von Entscheidungen über die Flächennutzung, und zwar:

- Entscheidung über die Standortfestlegung von Bauten, die das Baugrundstück, die Lage des Gebäudes auf dem Baugrundstück sowie die Bedingungen für Projektvorbereitung, Bauplanung und Baudurchführung festlegt.

- Entscheidung über die Flächennutzungsarten, die insbesondere die Bedingungen für die Geländemodellierung, größere Anlagen von Weinbergen, Hopfenfeldern, Gärten und Wälder sowie für die Errichtung von Spielplätzen, Lagerflächen, Abstellflächen für die Parzellierung oder Zusammenlegung von Grundstücken, usw. festlegt.

- Entscheidung über Schutzgebiete oder Schutzzonen, durch welche die Flächen festgelegt werden, wo bestimmte Aktivitäten verboten oder beschränkt sind.

- Entscheidung über Bausperren, durch welche die Flächen festgelegt sind, auf denen die Bautätigkeit dauerhaft oder vorübergehend verboten ist.

Die Entscheidung über die Flächennutzung wird vom zuständigen Bauamt getroffen. Wenn der Bau oder die Maßnahme im Wirkungsbereich von zwei oder mehreren Bauämtern liegt, wird ein Standortgenehmigungsverfahren durchgeführt und die Entscheidung über die Flächennutzung vom übergeordneten Organ getroffen oder von einem der zuständigen Bauämter, das vom übergeordneten Organ damit beauftragt wird.

Im Baugesetz sind die Fälle festgelegt, bei denen eine spezielle Entscheidung über die Flächennutzung nicht verlangt wird. Es handelt sich dabei insbesondere um:

- Havarien und Naturkatastrophen, wobei das zuständige Bauamt jedoch über die Einleitung von baulichen Maßnahmen in Kenntnis gesetzt werden muß.

- Kleinbauten, die eine ergänzende Funktion zu dem jeweiligen Hauptbau ausüben, Umgestaltungen, bei denen die Grundriß- und Seitenrißlinien des Gebäudes unverändert bleiben sowie Instandhaltungsarbeiten, usw.

Das Bauamt kann auf die Entscheidung über die Standortfestlegung verzichten, wenn es sich um Bauten auf bereits bebauten Grundstücken handelt und dabei die Grundriß- und Seitenrißlinien und das äußere Aussehen der Bauten nicht verändert werden und soweit die Umwelt durch die damit verbundenen Funktionen nicht beeinträchtigt wird. Die Entscheidung über die Standortfestlegung wird in der Regel auch bei Zeilenbauten nicht verlangt, deren Standortbedingungen in dem Siedlungsleitplan oder Bebauungsplan des Teilgebietes im Detail festgesetzt sind.

Im Falle eines einfachen Bauvorhabens kann das Bauamt das Standortgenehmigungsverfahren mit dem Baugenehmigungsverfahren koppeln. Diese beiden Verfahren werden immer dann gekoppelt, wenn es sich um den Bau eines Eigenheimes (Einfamilienhauses) auf einem im Register der Baugrundstücke für Eigenheimbau aufgelisteten Grundstück handelt. Zur Vereinfachung wird auch die Entscheidung über die Standortfestlegung mit der Entscheidung über Nutzungsarten gekoppelt, wenn auf dem Grundstück ein Bau zu errichten ist.

Das Standortgenehmigungsverfahren kann aufgrund eines schriftlichen Antrags eines Teilnehmers oder auf Anregung des Bauamtes bzw. eines anderen Organs der Staatsverwaltung eingeleitet werden. Das Verfahren wird durch das Bauamt aufgrund eines Antrags auf die Entscheidung über Flächennutzungen eingeleitet. Das Bauamt ist verpflichtet die Einleitung des Standortgenehmigungsverfahrens bekannt zu machen. Soweit es begründet ist (bei Zeilenbauten, Großbauten, wenn die Teilnehmer des Verfahrens oder ihr Aufenthaltsort nicht bekannt sind), veröffentlicht das

Bauamt die Einleitung des Standortgenehmigungsverfahrens durch eine Bekanntmachung. Die Bekanntmachung muß mindestens 15 Tage öffentlich ausgelegt werden. Gleichzeitig mit der Einleitung des Standortgenehmigungsverfahrens ordnet das Bauamt eine mündliche Verhandlung an, die mit der Ortserhebung gekoppelt werden kann.

Die für das Standortgenehmigungsverfahren und die Entscheidung über die Flächennutzung wichtigsten Unterlagen sind die Siedlungsleitpläne und die Bebauungspläne. Soweit diese Planungsdokumente für das Planungsgebiet nicht vorliegen, ist das Bauamt verpflichtet, andere Unterlagen im notwendigen Umfang zu beschaffen, z. B. die Prognose der räumlichen Entwicklung, raumplanerische Unterlagen (städtebauliche Studie, Rahmenkonzept der räumlichen Ordnung, Register der Baugrundstücke für den Eigenheimbau, physisch-technische Unterlagen) sowie andere durch eigene Untersuchungen oder im Laufe der Ortserhebung ermittelten Angaben. Diese Unterlagen können auch zur Ergänzung, Präzisierung und Aktualisierung der Siedlungsleit- und Bebauungspläne beitragen.

Teilnehmer des Standortgenehmigungsverfahrens sind neben den Auftraggebern die Organisationen und Bürger, deren Eigentumsrechte oder andere Rechte und Interessen durch die Entscheidung über die Flächennutzung beeinträchtigt werden können. Grundsätzlich ist der zuständige örtliche Nationalausschuß Träger des Verfahrens. Ein Bürger wird nur dann zum Teilnehmer des Verfahrens, wenn ein ihm persönlich gehörendes Grundstück zur Bebauung vorgesehen ist.

Der Antrag auf Entscheidung über die Flächennutzung wird eingehend geprüft, wobei als wichtigste Kriterien gelten:

- Beeinträchtigung der Umweltqualität (Verschmutzung, Lärm, Abfälle, usw.)
- Erfüllung der allgemeinen bautechnischen Anforderungen
- Erfüllung der Vorschriften bezüglich Hygiene, Arbeitssicherheit, technische Einrichtungen, Verkehr, Naturschutz, Denkmalschutz, usw.

Die betroffenen Organe der Staatsverwaltung müssen ihre Einsprüche in derselben Frist erheben, wie die anderen Teilnehmer des Verfahrens, sonst muß das Bauamt diese Einsprüche nicht berücksichtigen. Falls ein Organ der Staatsverwaltung zur Beurteilung des Antrags auf die Entscheidung über die Flächennutzung eine längere Frist benötigt, wird das Bauamt auf sein Ersuchen hin die vorgeschriebene Frist entsprechend verlängern. Falls die Stellungnahme des Organs der Staatsverwaltung in der vorgeschriebenen bzw. verlängerten Frist nicht eingereicht ist, kann das Bauamt seine Entscheidung treffen, ohne darauf Rücksicht zu nehmen. Es ist jedoch notwendig, daß das Bauamt folgende Unterlagen einholt:

- die Stellungnahme der Tschechoslowakischen Kommission für Atomenergie
- die Begutachtung des Inspektorats für Kurorte
- die Zustimmung der Organe für den land- und forstwirtschaftlichen Bodenschutz,

soweit die Interessen dieser Organe von der Entscheidung über die Flächennutzung beeinträchtigt werden.

Gegen die Entscheidung über die Flächennutzung, die noch nicht in Kraft getreten ist, kann Berufung eingelegt werden. Die Berufung soll binnen 15 Tagen nach der Übermittlung der Entscheidung bei dem Organ eingeleitet werden, das in der ersten Instanz entschieden hat. Falls dieses Organ der Berufung in vollem Ausmaß nicht Folge leisten kann – aufgrund der Veränderungen der Unterlagen und der Zustimmung übriger Teilnehmer des Verfahrens – ist es verpflichtet, die Berufung an das höhere Verwaltungsorgan weiterzuleiten.

Wenn sich die Bedingungen und Unterlagen, auf deren Grundlage die Entscheidung über Flächennutzung getroffen wurde, verändert haben, kann das Bauamt auf die Anregung des Antragstellers diese Entscheidung durch eine neue Entscheidung ersetzen.

3.5 Raumforschung und Städtebauliche Forschung

3.5.1 Entwicklung der Raumforschung und Städtebaulichen Forschung sowie der Forschungsstellen

Die Raumforschung bzw. städtebauliche Forschung, die als selbständiges Wissensgebiet in der CSSR in den 50er Jahren entstanden ist, hatte ihre Wurzeln in mehreren Arbeiten der Vorkriegszeit. Theoretische Arbeiten und Studien entstanden damals vor allem an den Hochschulen Prag und Brünn, in der ehemaligen Masaryk Akademie der Arbeit und in den ehemaligen Landesplanungsinstituten. Mit wenigen Ausnahmen trugen diese Arbeiten einen fragmentarischen Charakter und waren Werke von Einzelpersonen, meistens Hochschulprofessoren.

In der Entwicklung der wissenschaftlichen Forschung, einschließlich Raumforschung und städtebauliche Forschung war der Zeitraum 1950-1952 von besonderer Wichtigkeit, als in der CSSR die Grundlage eines systematisch organisierten Netzes von wissenschaftlichen Einrichtungen und Forschungsinstituten gelegt wurde. In dieser Zeit entstanden bei verschiedenen Ministerien mehrere Forschungsinstitute und es wurde die Tschechoslowakische Akademie der Wissenschaft gegründet Sie entstand durch Reorganisation der im Jahre 1784 gegründeten ehemaligen Königlichen tschechischen Gesellschaft der Wissenschaften und der im Jahre 1891 gegründeten Tschechischen Akademie der Wissenschaften und der Künste. Bis zu dieser Zeit wurde die Forschung nicht auf einer breiten Grundlage betrieben und die einzelnen wissenschaftlichen Disziplinen wurden nicht miteinander koordiniert.

Mit Rücksicht auf die Tradition der städtebaulichen Planung und der Raumplanung wurde im Jahre 1950 Brünn als Sitz des Instituts für Raumplanung ausgewählt, das mit der Raumforschung und der städtebaulichen Forschung im gesamtstaatlichen Maßstab beauftragt wurde. Später wurde dieses Institut als Forschungsstelle für Städtebau und Raumplanung in das neu gegründete Institut für Aufbau und Architektur (VUVA) eingegliedert, woran sich bis heute nichts geändert hat.

Die Brünner Forschungsstelle für Städtebau und Raumplanung des Instituts für Aufbau und Architektur ist gut ausgestattet und wird mit vielen auf dem Gebiet der raum- und städtebaulichen Forschung zu lösenden

Aufgaben beauftragt. Es gibt jedoch in der CSSR noch weitere Institutionen, die sich mit Raumforschungs- und Städtebauforschungsaufgaben auf der Ebene der Entwicklungsforschung, der angewandten Forschung und der Grundlagenforschung befassen.

In der CSSR unterscheidet man drei Forschungsebenen:

- Grundlagenforschung, die zum Ziel hat, neue Kenntnisse über Naturprozesse, Prozesse der gesellschaftlichen Entwicklung und der Entwicklung des menschlichen Bewußtseins zu entdecken und zu vertiefen;
- angewandte Forschung, welche die durch Grundlagenforschung gewonnenen Kenntnisse konkretisiert und Methoden für ihre möglichst effektive Anwendung in der gesellschaftlichen Praxis, insbesondere in der Produktion bzw. in der Raumplanung, Stadtplanung und Baudurchführung entwickelt.
- Entwicklungsforschung, die zum Ziel hat, die Ergebnisse der Forschung in konkrete neue Produkte, neue Technologien, neue Materiale umzusetzen und in die Praxis einzuführen. In der Raumplanung und städtebaulichen Planung entspricht dieser Ebene z. B. die experimentale Überprüfung der theoretischen Konzepte in der Praxis bzw. die praktische Durchführung von Experimentalprojekten.

Die Aufgaben der Entwicklungsplanung und der angewandten Forschung im Bereich des Siedlungswesens und der Urbanisierung werden von TERPLAN (Staatliches Institut für Raumplanung) in Prag und URBION (Staatliches Institut für Städtebau und Raumplanung) in Bratislava bearbeitet. Teilaufgaben der Grundlagenforschung, vor allem soziologischer Ausrichtung, werden im Kabinett für Architekturtheorie und Siedlungsentwicklung des Instituts für Kunsttheorie und -geschichte der Tschechoslowakischen Akademie der Wissenschaften in Prag und im Institut für Bauwesen und Architektur der Slowakischen Akademie der Wissenschaften in Bratislava bearbeitet (vgl. Abb. 19).

Aufgabe dieser Forschungs- und Planungsstellen ist es, in erster Linie die Forderungen der Umweltverbesserung und Umweltvorsorge in den Siedlungen und in der Landschaft zu formulieren. Die Forschungsstelle für Städtebau in Brünn, die sich überwiegend mit Aufgaben der angewandten Forschung befaßt, hat die allgemeinen Forderungen in praxisorientierte Handbücher, Richtlinien, Hinweise, Empfehlungen usw. umzusetzen, die in der konkreten Raum- und Stadtplanung Anwendung finden. Diese Arbeitsteilung zwischen den Forschungsstellen verschiedener Ebenen wird jedoch nicht strikt eingehalten, da sie von der Fach- und Personalstruktur der Institute beeinflußt wird.

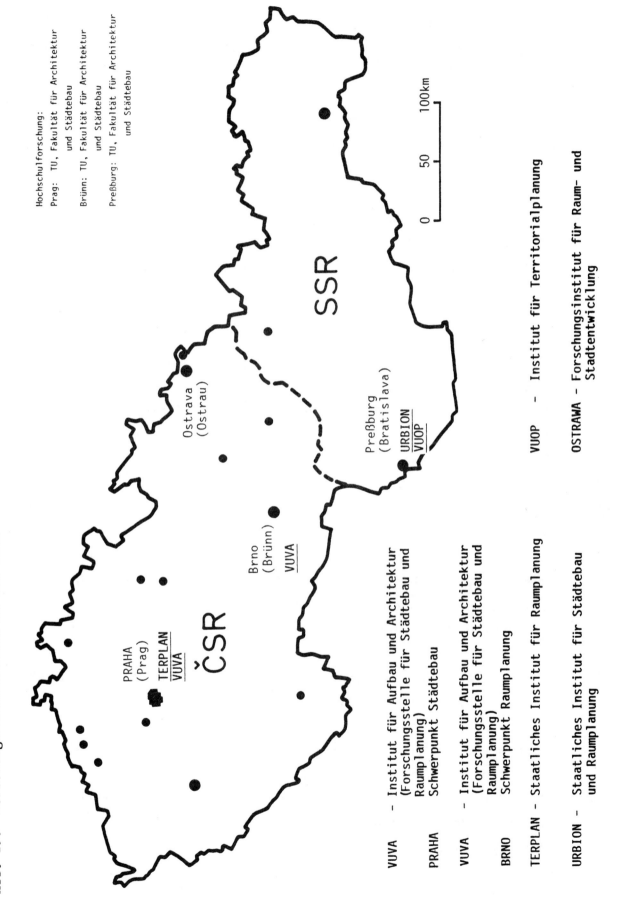

Abb. 19: Forschungsinstitutionen in der ČSSR

Hochschulforschung:
Prag: TU, Fakultät für Architektur und Städtebau
Brünn: TU, Fakultät für Architektur und Städtebau
Preßburg: TU, Fakultät für Architektur und Städtebau

VUVA PRAHA — Institut für Aufbau und Architektur (Forschungsstelle für Städtebau und Raumplanung) Schwerpunkt Städtebau

VUVA BRNO — Institut für Aufbau und Architektur (Forschungsstelle für Städtebau und Raumplanung) Schwerpunkt Raumplanung

TERPLAN — Staatliches Institut für Raumplanung

URBION — Staatliches Institut für Städtebau und Raumplanung

VUOP — Institut für Territorialplanung

OSTRAWA — Forschungsinstitut für Raum- und Stadtentwicklung

Neben den angeführten Instituten und Stellen befassen sich auch die Fakultäten der Hochschulen gegebenenfalls in Zusammenarbeit mit der Tschechoslowakischen oder Slowakischen Akademie der Wissenschaften mit Studien - und Forschungsarbeiten. Mit den städtebaulichen Problemen der Gestaltung von Wohngruppen und Wohnkomplexen befaßt sich auch das Staatliche Institut für Studien und Typisierung in Prag im Zusammenhang mit der Ausarbeitung von Unterlagen für die Typisierung von Wohngebäuden und gesellschaftlichen Einrichtungen.

Eine Reihe von Studien, meistens Entwicklungsstudien, wurde von Architekten und Stadtplanern im Auftrag des Tschechischen oder Slowakischen Architektenverbandes verfaßt. Auch mehrere Stadtarchitektenbüros und Entwurfsbüros befassen sich mit Forschungs- und Entwicklungsaufgaben.

Mit der Raumforschung und städtebaulichen Forschung in der Slowakei befaßte sich zuerst die im Jahre 1966 gegründete Außenstelle des Forschungsinstituts für Aufbau und Architektur, die Anfang der siebziger Jahre unter dem Namen Zentrum für Städtebau und Architektur zunächst selbständig arbeitete und später aufgelöst und teilweise in das URBION eingegliedert wurde.

Mit der Forschung im Bereich der Territorialplanung, die einen Übergang bildet zwischen der räumlichen und städtebaulichen Planung einerseits und der volkswirtschaftlichen Planung andererseits, befaßt sich in gesamtstaatlichem Maßstab das Institut für Territorialplanung in Bratislava. Mit spezifischen Problemen der Stadtregionen in der CSR befaßt sich das Forschungsinstitut für Raum- und Stadtentwicklung in Ostrava.

3.5.2 Schwerpunkte der grundlegenden Forschungsarbeiten im Städtebau und in der Raumplanung

Zuerst seien die von der Brünner Forschungsstelle für Städtebau und Raumplanung des Forschungsinstituts für Aufbau und Architektur verfaßten Forschungsarbeiten und anschließend auch die Forschungsarbeiten anderer auf dem Gebiet der Raumplanung tätigen Institute und Organisationen kurz charakterisiert.

Die Forschungsstelle des VUVA in Brünn wurde ursprünglich als ein mit der Forschung beauftragter Teil der staatlichen Planungsinstitute gegründet. Damit wurde auch die Ausrichtung der damals eingeleiteten Forschung festgelegt: Hinweise, Richtlinien, Entwurfsnormen. In den Jahren 1952-1957, nach der Eingliederung der Forschungsstelle für Städtebau und Raumplanung in das Institut für Aufbau und Architektur, wurde hier eine ganze Reihe von Fachpublikationen erarbeitet, die später in dem Handbuch "Stadt- und Dorfbau" (Stavba mest a vesnic) zusammengefaßt wurden. Dies war die erste Publikation dieser Art in der Tschechoslowakei. Ende der fünfziger Jahre wirkte die Forschungsstelle für Städtebau und Raumplanung bei der Vorbereitung des zweiten Raumplanungsgesetzes mit.

Nach dem Abschluß der Gesetzgebungsarbeiten wurde die Forschungsstelle für Städtebau und Raumplanung mit einer langfristig angelegten Forschungsaufgabe "Entwicklungstendenzen der Umgestaltung der Siedlungsstruktur" beauftragt. Im Rahmen dieser Aufgabe wurden drei Hauptthemen zum Gegenstand der Forschung: Entwicklung des gesamten Siedlungsnetzes des Landes, der Städte und der Dörfer.

In den sechziger Jahren wurden im Auftrag der zentralen Behörden Forschungsarbeiten eingeleitet, die immer mehr auf die Probleme der zentralen Steuerung des Aufbaus orientiert waren. In dieser Zeit wurde die umfassende Studie "Investitionen und Umwelt" verfaßt, die später unter dem Titel "Entwicklung der Umwelt der Städte und Dörfer der CSSR" ausführlich ergänzt wurde. Als Hilfsmittel für die Organe und Organisationen der Leitung, der Planung und der Projektierung wurde das Handbuch "Regeln für die Planung und den Bau von Siedlungen" ausgearbeitet. Im Jahre 1966 wurde der Forschungsstelle für Städtebau und Raumplanung des VUVA in Brünn für hervorragende Forschungsergebnisse der Orden der Arbeit verliehen.

Ende der sechziger Jahre wurden von der Forschungsstelle für Städtebau und Raumplanung des VUVA im Auftrag des damaligen CSR-Ministerium für Aufbau und Technik Konzeptionen der Umweltgestaltung für 150 ausgewählte Städte ausgewertet; das Ergebnis der vergleichenden Auswertung waren umfassende Aussagen und Angaben zur Umweltqualität der untersuchten Städte.

Bis zum Jahre 1970 befaßte sich VUVA mit einer komplexen Forschungsaufgabe, deren Ziel es war, Wege zur Verbesserung der Umweltqualität zu finden. Der raumplanerische und stadtplanerische Teil des Ergebnisses dieser Forschungsaufgabe wurde zur Grundlage für Regierungsbeschlüsse über die langfristige Entwicklung der Siedlungsstruktur der CSSR (Anordnung Nr. 181, 1958 und Regierungsbeschluß Nr. 100, 1967).

In der ersten Hälfte der siebziger Jahre wurden die Urbanisierungsprozesse und die Entwicklung der Siedlungsstruktur zum Gegenstand weiterer Forschungen, dabei wurde der Entwicklung von Regionen besondere Aufmerksamkeit geschenkt. Die in dieser Zeit abgeschlossenen Forschungsarbeiten dienten als Unterlage für die Konzeptionen der Urbanisierung der CSR und der SSR.

In den Jahren 1976-1980 wurde in der Forschungsstelle für Städtebau und Raumplanung des VUVA die Forschungsaufgabe "Umgestaltung der Stadtregionen und der Siedlungen" in Angriff genommen. Untersucht wurden insbesondere die Gesetzmäßigkeiten und Tendenzen der Entwicklung der größeren Räume, der Siedlungen und der Teilgebiete sowohl in den Stadtregionen als auch im ländlichen Raum. Die Ergebnisse dieser Forschung wurden einerseits in Form von Hinweisen und Richtlinien für die Planungspraxis und andererseits als Grundlage für weitere Forschungen benutzt. Von den für die Praxis bestimmten Ergebnissen ist das umfassende fünfteilige Handbuch "Grundsätze und Regeln der Raum- und Stadtplanung" von großer Bedeutung. Die einzelnen Teile dieses Handbuchs sind nach einer längeren Erprobung in der Planungspraxis schrittweise in den Jahren 1981-1984 erschienen. In dem enzyklopädisch aufgebauten Handbuch sind die neuesten planungsrelevanten Erkenntnisse und Informationen zusammengefaßt - von den verbindlichen Normen und Kennziffern, über allgemeine Grundsätze und Regeln bis hin zu orientierenden Empfehlungen.

In den Jahren 1981-1985 wurden im VUVA auch einige Forschungsaufgaben prognostischen Charakters ausgearbeitet, die sich sowohl auf die Erforschung der zukünftigen Tendenzen der Entwicklung der Siedlungen und ihrer Teilgebiete als auch auch die Aufstellung von Entwicklungsmodellen für Siedlungen bezogen.

In methodischer Hinsicht wurde die größte Aufmerksamkeit der Aufstellung von Konzepten der räumlichen und der städtebaulichen Entwicklung gewidmet.

Von den in anderen Forschungsstellen durchgeführten Forschungen auf dem Gebiet der Raumplanung und des Städtebaus sind insbesondere die Arbeiten der Abteilung Theorie des Städtebaus des Instituts für Bauwesen und Architektur der Slowakischen Akademie der Wissenschaften zu erwähnen. Diese relativ kleine Abteilung befaßt sich seit den fünfziger Jahren mit der Entwicklung der Stadtstrukturen und der historischen Stadtzentren slowakischer Städte sowie mit soziologischen und demographischen Analysen der in der Slowakei seit 1945 gebauten Wohngebiete.

Die Forschungsarbeiten dieser Abteilung stellen tiefergehende Untersuchungen für ausgewählte Probleme und Faktoren der Stadtentwicklung dar. Es handelt sich dabei nicht um direkte Hinweise für die Planungspraxis, sondern eher um partielle Analysen und Aussagen, die als Unterlagen für die angewandte Forschung dienen. Den Charakter von Grundlagenforschung haben die meisten Arbeiten des Kabinetts für Architekturtheorie und Siedlungsentwicklung des Instituts für Kunsttheorie und -geschichte der Tschechoslowakischen Akademie der Wissenschaften. Dieses Kabinett begann seine Tätigkeit in der zweiten Hälfte der sechziger Jahre und seine erste Arbeit war das sogenannte "Hypothetische Konzept der Umweltentwicklung in der CSSR", das ähnliche, vom VUVA verfaßte Forschungsarbeiten theoretisch ergänzte.

In den siebziger Jahren befaßten sich die Mitarbeiter dieses Kabinetts mit der Koordinierung eines umfangreichen Forschungsprojektes "Konzept der Umweltentwicklung aus der Sicht der Erfordernisse des Menschen und der Gesellschaft", an dem eine Reihe von Forschungsstellen teilnahmen. In dieser Forschungsarbeit wurden die wichtigsten Erfordernisse zusammengefaßt, denen die künftige Umgestaltung der Siedlungen und der Landschaft Rechnung tragen sollte. Die letzte Arbeit dieses Kabinetts ist die prognostisch aufgebaute Studie "Tendenzen der Entwicklung des Siedlungsnetzes und der Gestaltung der Landschaft in der CSSR".

Die ehemalige Außenstelle des VUVA - später das Zentrum für Städtebau und Architektur (CUA) in Bratislava - befaßte sich insbesondere mit Fragen des Fremdenverkehrs, des Erholungswesens und der technischen Infrastruktur. Anfang der siebziger Jahre, im Zusammenhang mit dem Projekt der Urbanisierung der Slowakei, befaßte sich CUA auch mit regionalen Fragen, insbesondere mit spezifischen Problemen der Entwicklung von Siedlungen und Urbanisierungsräumen in der Slowakei.

Nach der Auflösung und Eingliederung des CUA in das URBION wurden die Fragen der Urbanisierung und der Entwicklung der Siedlungsstruktur zum Hauptthema der in diesem Institut eingeleiteten Forschung. An dem von URBION koordinierten gesamtstaatlichen Forschungsprojekt "System von Maßnahmen zur Rationalisierung des Urbanisierungsprozesses" beteiligten sich in den Jahren 1980-1985 die Brünner Forschungsstellen für Städtebau und Raumplanung des VUVA und das Staatliche Institut für Raumplanung - TERPLAN in Prag. Wertvolle Forschungsergebnisse wurden von TERPLAN für die CSR und von URBION für die SSR in den sogenannten "Ausgangspunkten und Bedingungen der Urbanisierung" zusammengefaßt. Im Rahmen des oben genannten Forschungsprojektes hat das URBION mehrere theoretisch ausgerichtete Forschungsarbeiten verfaßt, z. B. "Theorie der Gestaltung der Siedlungsstruktur", "Modell der funktionalen Flächennutzung" u. a.

Beide Institute, das TERPLAN in Prag und das URBION in Bratislava, wurden bereits Anfang der siebziger Jahre beauftragt, eine Datenbank raumrelevanter Daten und Informationen für das Gebiet der CSR und der SSR zu errichten. Die raumrelevanten Informationssysteme werden laufend ergänzt und sind Gegenstand permanenter Forschung in den beiden Instituten.

Das bereits erwähnte Institut für Territorialplanung (VUOP) in Bratislava und das Forschungsinstitut für Raum- und Stadtentwicklung in Ostrava haben ebenfalls mehrere mit der Raumplanung eng zusammenhängende Forschungsaufgaben bearbeitet, die sich insbesondere auf die Herausbildung von Stadtregionen und auf die Standortverteilung von Investitionen in Stadtregionen aus raumwirtschaftlicher Sicht beziehen.

In der CSSR gibt es, wie in anderen Ländern, jedoch auch Raumplaner und Stadtplaner, die außerhalb der Forschungsinstitute an den Hochschulen oder in der Planungspraxis tätig sind und sich gleichzeitig auch der theoretischen Arbeit widmen. So sind in den letzten Jahrzehnten in der CSSR wertvolle, von Einzelpersonen verfaßte Arbeiten erschienen. Zu diesen gehören die theoretischen Arbeiten von Prof. E. Hruska, so z. B. die "Probleme des zeitgenössischen Städtebaus" aus dem Jahre 1966, J. Hruzas "Lexikon des gegenwärtigen Städtebaus" aus dem Jahre 1977 und andere Publikationen städtebaulichen Charakters.

4. Weiterentwicklung und Verbesserung der Raumplanung in der ČSSR

4.1 Gesellschaftliche und wirtschaftliche Voraussetzungen der Raumentwicklung

Die rationelle Nutzung und Entwicklung der Räume soll zur Erreichung langfristiger gesellschaftlicher Zielsetzungen beitragen. Günstige Bedingungen für die allseitige Entwicklung des Menschen und der Gesellschaft zu schaffen, ist ein widerspruchsvoller Prozeß, da sich die sozialökonomische Entwicklung der Gesellschaft durch eine Reihe von äußeren und inneren Faktoren als sehr kompliziert darstellt. Von den äußeren Faktoren ist die Verschlechterung der internationalen Handelsbedingungen, von den inneren Faktoren die Verknappung der klassischen Ressourcen des bisherigen Wirtschaftswachstums (Arbeitskräfte für Industrie, Dienstleistungen und Landwirtschaft, verhältnismäßig billige und leicht erreichbare Rohstoffe und Energiequellen) zu nennen. Infolge der überwiegend extensiven Entwicklung der Volkswirtschaft ist es zu beträchtlichen Verlusten der landwirtschaftlichen Nutzfläche gekommen, zum einen durch Bebauung, zum anderen durch Aufforstung. Auch die Luftverschmutzung (die auch teilweise durch die vom Ausland kommenden Immissionen verursacht wird), die angespannte Bilanz der Wasserversorgung und die beträchtliche Verschmutzung der Oberflächengewässer und teilweise auch des Grundwassers sind zu schwerwiegenden Problemen geworden.

Gleichzeitig steigen die Bedürfnisse und Anforderungen der Bevölkerung und auf der Werteskala der Menschen sind die Umweltqualität, die Wohnqualität und die Erholungsbedingungen an die ersten Stellen gerückt. Die Befriedigung dieser Bedürfnisse macht die Weiterentwicklung von Siedlungen, insbesondere ihrer Wohngebiete sowie die Anlage von Erholungsflächen, Kleingärten usw. erforderlich, was jedoch zur funktionellen Überlastung von Siedlungsräumen führen kann. In beträchtlich belasteten Räumen geraten die durch den steigenden Wohnstandard und die Erweiterung der Erholungsgebiete ausgelösten Anforderungen an Flächen in Konflikt mit den Interessen anderer Funktionen, insbesondere mit dem Schutz der landwirtschaftlichen Nutzfläche.

Eine effektive Ausnutzung aller inneren, insbesondere örtlichen Ressourcen wird zur wichtigen Voraussetzung der erforderlichen sozial-ökonomischen Entwicklung. Auch die Senkung des Rohstoff- und Energiebedarfs aller gesellschaftlicher und wirtschaftlicher Bereiche wird zur Notwendigkeit.

Als wichtigste Intensivierungsfaktoren der Volkswirtschaft werden die wissenschaftlich-technische Entwicklung, die Verbesserung der Leitung und die Ausnutzung der schöpferischen Initiative der Bevölkerung angesehen.

Innerhalb des Systems der Lenkung der Volkswirtschaft spielt die Raumplanung heute eine erheblich größere Rolle als früher. Ihr Schwerpunkt liegt in der Gewährleistung einer optimalen multifunktionalen Flächennutzung, in der Schaffung eines Ausgleichs zwischen Nutzbarkeit und Bewohnbarkeit des Raumes, in der Erfüllung des langfristigen, sozialökonomischen Programmes und der Erreichung der Etappenziele der gesellschaftlichen Entwicklung auf den gesamtstaatlichen, nationalen, regionalen und örtlichen Ebenen.

Damit die Raumplanung den an sie gestellten Anforderungen Rechnung tragen kann, müssen zwei sich bedingende Voraussetzungen geschaffen werden:

- die Position der Raumplanung im System der Volkswirtschaftsplanung muß weiter gestärkt werden und
- ihre Methoden und Instrumente müssen verbessert werden.

4.2 Verbesserung der Koordinierung von volkswirtschaftlicher Planung, Territorialplanung und Raumplanung

Im System der Lenkung der gesellschaftlichen und ökonomischen Entwicklung hat die Raumplanung die ihrer Bedeutung zukommende Position noch nicht erreicht. Die Ursache dieses Zustandes liegt darin, daß die Bedeutung des Raumes als Ressource der gesellschaftlichen Entwicklung im volkswirtschaftlichen Rahmen und insbesondere bei den einzelnen wirtschaftlichen Entscheidungsprozessen bisher nicht gebührend erkannt wurde.

Die größten Konflikte entstehen bei der Erarbeitung von Siedlungsleitplänen der Städte, die die wichtigste und häufigste Art der Raumplanungsdokumente darstellen. Der Widerspruch liegt bereits im Charakter der Unterlagen, aus denen der Siedlungsleitplan hervorgeht. Er wird für einen Zeitraum von 15 - 20 Jahren erarbeitet. Die Grundsätze und Vorhaben der wirtschaftlichen und räumlichen Entwicklung sind jedoch nur für den Zeitraum von fünf Jahren mit Wirtschaftsplänen konkretisiert. Die längerfristigen Entwicklungsprogramme sind daher als mehr oder weniger qualifizierte Schätzungen zu betrachten. Die Grundsätze der räumlichen und wirtschaftlichen Entwicklung sowie die Siedlungsleitpläne werden vom Rat des zuständigen Nationalausschusses des Kreises oder Bezirkes genehmigt. Während die genehmigten Siedlungsleitpläne eine verbindlichen Unterlage für funktionale Flächennutzung darstellen, werden die Grundsätze der räumlichen und wirtschaftlichen Entwicklung nicht zum Bestandteil des Systems der langfristigen Wirtschaftspläne. Bei der Aufstellung der nächsten Fünfjahrespläne kommt es zwangsläufig zu Veränderungen, sowohl in der Struktur als auch in der Standortverteilung der Investitionen. Der Siedlungsleitplan, dessen Aufstellungs- und Genehmigungsverfahren sich als sehr anspruchsvoll und zeitraubend erweist, ist nicht im Stande, auf die Veränderungen der Wirtschaftspläne entsprechend schnell zu reagieren. Deswegen ist er in wenigen Jahren überholt und verliert seine Bedeutung als maßgebende Unterlage für die räumliche Koordination der weiteren Entwicklung.

Es ist daher festzustellen, daß in Bezug auf die Wirtschaftspläne, die sich infolge der dynamischen Entwicklung der Wissenschaft und der Technik (und der sich daraus ergebenden Anforderungen an Technologie und Struktur der Produktion) sehr oft verändern, der Siedlungsleitplan in seiner gegenwärtigen Ausgestaltung nicht flexibel genug ist.

Bisher ist es nicht gelungen, eine verläßlich funktionierende Rückkopplung zwischen der volkswirtschaftlichen Planung und Territorialplanung einerseits und der räumlichen und städtebaulichen Planung andererseits herzustellen. Wenn die Entscheidungen der volkswirtschaftlichen Planung und der Territorialplanung nicht auch durch den Siedlungsleitplan räumlich abgestimmt sind (mit Rücksicht auf die Bedingungen des konkreten Standortes), kann dies beträchtliche Probleme und unerwünschte Konsequenzen zur Folge haben, wie z. B. Verschlechterung der Umweltqualität, Erhöhung der Betriebskosten, Straßenüberlastung u. a. Auch die Durchsetzung ambitionierter städtebaulicher Konzeptionen ohne Berücksichtigung der wirtschaftlichen und sozialen Voraussetzungen kann unerwünschte Folgen ziehen. Es erweist sich als unumgänglich, daß sowohl die volkswirtschaftliche Planung und die Territorialplanung als auch die räumliche und städtebauliche Planung als permanente Tätigkeiten in engerer Zusammenarbeit entwickelt werden müssen. Nur so ist es möglich, die Erkenntnisse und die Anforderungen der räumlichen und städtebaulichen Planung im Hinblick auf die Zeithorizonte der Wirtschaftsplanung rechtzeitig zu konkretisieren und sie in den Volkswirtschaftsplänen und den Territorialplänen zur Geltung zu bringen. Im Rahmen einer engen Zusammenarbeit ist es erforderlich, die von den Siedlungsleitplänen ausgehenden Anregungen zu überprüfen und in die Volkswirtschaftspläne und Territorialpläne einzubeziehen und umgekehrt, den aus den Bedürfnissen der wirtschaftlichen Entwicklung sich ergebenden Anforderungen in den Siedlungsleitplänen Rechnung zu tragen. Dazu ist eine Verbesserung sowohl der volkswirtschaftlichen Planung und der Territorialplanung als auch der räumlichen und städtebaulichen Planung unentbehrlich, und zwar in Verbindung mit einer engeren Verflechtung und Synchronisierung beider Planungsarten.

Neben der zeitlichen Abstimmung der Raumplanung mit der Territorialplanung muß auch ihre räumliche Abstimmung erfolgen, so daß beide Planungsarten sich auf dasselbe Gebiet beziehen. In dieser Hinsicht kommt der administrativen Gliederung eine wesentliche Bedeutung zu. Der

Territorialplan wird grundsätzlich für das Gebiet eines Bezirkes aufgestellt, wobei für die Kreise nur gewisse Kennziffern festgelegt werden. Dagegen wurden die räumlichen Pläne bisher in erster Linie für Industrieballungen, Stadtregionen, Erholungsgebiete, Städte und größere ländliche Siedlungen erarbeitet. Die Raumnutzungspläne, Siedlungsleitpläne, etc. werden jedoch nicht so aufgefaßt, daß sie das ganze Verwaltungsgebiet des Bezirkes, des Kreises oder der Gemeinde einbeziehen. Dies hängt damit zusammen, daß die wirtschaftsräumliche Gliederung mit der administrativen Gliederung nicht identisch ist.

Es ist also anzustreben, daß beide Planungsarten, d. h. volkswirtschaftliche Planung einschließlich Territorialplanung und Raumplanung einschließlich Siedlungsleitplanung sowohl mit identischen Zeithorizonten operieren als auch sich auf identische Planungsgebiete beziehen. Darüber hinaus müssen diese Planungsarbeiten wissenschaftlich besser fundiert und vervollkommnet werden.

4.3 Bewertung vorliegender Planungsinstrumente und -methoden und Verbesserungsmöglichkeiten

4.3.1 Grundprobleme

In den letzten Jahrzehnten hat sich das Wirkungsfeld der Raumplanung beträchtlich erweitert - von der Entwicklungsplanung für einzelne Teilgebiete und Siedlungen, über die Planung größerer Räume bis hin zur Gestaltung der Siedlungsstruktur des ganzen Landes und der Lenkung der Urbanisierungsprozesse. Gleichzeitig verbesserte die Raumplanung ihre Methoden, auch in Richtung größerer Genauigkeit. Trotz dieser unbestrittenen Fortschritte sind die bestehenden Raumplanungsmethoden, insbesondere was die überörtlichen Zusammenhänge betrifft, teilweise noch als unzureichend zu bezeichnen.

Obwohl komplexere Lösungsansätze für Raumplanungsprobleme oft postuliert wurden, ließ es die mangelnde Zuverlässigkeit der Unterlagen und Ausgangsdaten in der Regel nicht zu, dieser Forderung gerecht zu werden. Auch die lange geübte Praxis einer additiven Erweiterung von Siedlungen auf unbebauten Flächen ließ die Lösung der Probleme innerhalb der Städte in den Hintergrund treten. Die Städtebauökonomie befaßte sich lediglich mit Kennziffern des Flächenbedarfs, während die Art der Flächennutzung, die Folgekosten, die Wirkung der Beziehungen zur übergeordneten Raumeinheit usw. nicht genug untersucht und erforscht wurden.

Die komplizierte Weltwirtschaftslage der letzten Jahre führte auch in der CSSR zur Umbewertung einiger räumlicher, wirtschaftlicher und anderer Faktoren (Energieeinsparungen, Schutz der landwirtschaftlichen Nutzfläche, intensivere Nutzung des Baulandes, usw.) Diese Umbewertung, die auch in Gesetzesnovellen, Regierungsbeschlüssen und Verordnungen der Ministerien ihren Niederschlag fand, hat teilweise tiefgreifende Auswirkungen auf den Inhalt der Raumplanungsdokumente und die Methoden ihrer Aufstellung.

Die Entwicklung der Großstädte wird darüber hinaus auch durch die Erschöpfung der Baulandreserven erschwert; sie nähern sich immer mehr ihren Entwicklungsgrenzen, oder haben sie bereits erreicht. Hinzu kommt die erforderliche Verminderung der beträchtlichen Umweltbelastung, für die die stürmische Entwicklung der Industrie und des Verkehrs in der Nachkriegszeit in den meisten Stadtregionen und vielen Städten verantwortlich ist.

Die Einflüsse und Auswirkungen dieser neuen Entwicklungen wurden längere Zeit in der Planungspraxis nicht ernst genommen, obwohl sie die seit langem vorherrschende Routinearbeit grundsätzlich verändert haben, bei der nur ausgewählte Gebiete (vor allem Wohnbaugebiete) dem Planungsprozeß unterzogen, die Pläne als statisch betrachtet und "rigide" Zielkonzeptionen für entsprechende Planhorizonte festgelegt wurden.

Bei der Aufstellung der langfristigen Volkswirtschaftspläne, die durch die wachsende Dynamik der Veränderungen erschwert wird, können die kurz- und mittelfristigen Wirtschaftspläne nur mit den nächsten Etappen der räumlichen Pläne (Siedlungsleitpläne) gekoppelt werden, während die weiteren Etappen der räumlichen Entwicklung nur in ziemlich offenen Planvarianten aufgezeigt werden können. Eine flexiblere Handhabung der Raumplanung erfordert jedoch exaktere Methoden der Variantenbewertung. Zu diesem Zweck müssen neue Kriterien bezüglich der Wirtschaftlichkeit und der Effizienz von Raumplanungskonzepten entwickelt werden.

Die wachsende Umweltbelastung in den Siedlungen und die zunehmende Verunstaltung der Landschaft erfordern eine engere Zusammenarbeit der Raumplanung mit der ökologischen Planung. Bei der Integration der Planungssysteme gewinnt auch die Sozialplanung an Bedeutung. Die Entwürfe der Raumplanungsdokumente als Darstellung der schrittweise zu präzisierenden Raumentwicklung sollten - besonders in den komplizierten Situationen der Großstädte und Großstadtregionen - den Vorhaben der ökologischen und der sozialen Planung mehr als bisher Rechnung tragen.

In der nahen Zukunft wird die Gewährleistung engerer und effektiverer Beziehungen zwischen der Raumplanung einerseits und der wirtschaftlichen Planung, Territorialplanung, Sozialplanung und ökologischen Planung andererseits zu einem der Grundprobleme der Planung. Die Grundfrage, die möglichst bald zu beantworten ist, ist das Maß an Selbständigkeit oder Vereinheitlichung der einzelnen Planungsarten, und die sich daraus ergebenden Formen der Mitwirkung, Beeinflussung und möglichen Rückkopplung.

4.3.2 Planungsauftrag und Ausarbeitung der Raumplanungsdokumente

Zu den am meisten fehlenden Planungsunterlagen gehören die langfristigen Entwicklungsperspektiven der Industrie- und Dienstleistungszweige. Als wesentliches Problem erweist sich oft die Qualität der Unterlagen (Überalterung, Uneinheitlichkeit), die die Möglichkeit ihrer chronologischen Ordnung und Koordinierung beschränkt.

Als weiteres Problem erweist sich die Prognose der voraussichtlichen Einwohnerzahl der Kernstädte der Stadtregionen und der Siedlungen sowie die der Entwicklung der Zahl der Arbeitskräfte und anderer demographischer Angaben. Es hat sich gezeigt, daß insbesondere in den großstädtischen Gebieten diese Fragen partiell, d. h. im Bereich einer Region oder eines Bezirks kaum zu lösen sind. Diese Aufgaben müssen für das ganze Land von einer Stelle zentral wahrgenommen werden, die dann imstande ist, zuverlässige Informationen zu liefern.

Die Quellen raumbezogener Informationen (die Datenbanken in Prag und Bratislava) werden bisher meistens bei der Planung für großer Raumeinheiten in Anspruch genommen. Aber auch für diese Planungsstufe stehen die Daten nicht vollständig zur Verfügung. Die Ursache der bisher beschränkten Nutzung des Systems raumbezogener Informationen in den Planungsbüros der Bezirke liegt in der unzureichenden Differenzierung der Daten, in der langen Lieferfrist und im verhältnismäßig hohen Aufwand. Die Vorschläge zur Verbesserung der Datenbanken sind auf die Aktualisierung der Daten, den Ausbau der für verschiedene Planungsstufen erforderlichen Informationsregister, die Vereinfachung der Datenübermittlung und die Verbilligung des Informationsdienstes ausgerichtet.

Dank der langjährigen Erfahrungen der Planer ist der Inhalt und der Aufstellungsvorgang bei der Siedlungsleitplanung und der Bebauungsplanung weitgehend geklärt. Dagegen steht die Aufstellung der Entwicklungsprognosen/Zielprognosen für Siedlungen, Städte und große Raumeinheiten methodisch erst am Anfang. So gibt es unterschiedliche Meinungen über wichtige Bestandteile der Raumentwicklungsprognose. Die Versuche, langfristige Entwicklungsprognosen aufzustellen, stoßen zwangsläufig auf Schwierigkeiten im Bereich sowohl der sozio-ökonomischen als auch der technischen Entwicklung.

Bei der Bewertung der Ausgangspunkte sucht man gewöhnlich nach beständigen Entwicklungsfaktoren der Siedlungsstruktur, der Bevölkerungsstruktur, der Produktion, der technischen Infrastruktur usw., die die langfristige Entwicklung des Raumes bestimmen. Andererseits können die veränderlichen Faktoren die zukünftige Entwicklung entweder beschleunigen oder beschränken.

Die Unbestimmtheit der Ausgangspunkte und die Unmöglichkeit, einen klar erkennbaren Entwicklungstrend der Räume und Siedlungen festzustellen, macht es erforderlich, Entwicklungsvarianten auszuarbeiten. Diese beziehen sich meistens auf das künftige Bevölkerungswachstum und den davon abgeleiteten Flächenbedarf. Weniger häufig sind Entwicklungsvarianten anderer Funktionen und Komponenten, wie z. B. Industrie, Verkehr, technische Infrastruktur usw.

Obwohl in der CSSR viele rechnergestützte Methoden der Aufstellung und Bewertung von Prognosen, Modellen und Programmen entwickelt und experimentell erprobt wurden, davon mehrere mit graphischer Datenausgabe, bleibt ihre Anwendung in der Planungspraxis noch immer beschränkt. Als Ursache werden in der Regel angeführt: zeitliche und finanzielle Aufwendigkeit, beschränkter Zugang zur Rechnertechnik, mangelnde Datenbasis und unzureichende Kenntnisse der Rechnertechnik unter den Raum- und Stadtplanern.

Auch die modernen Methoden der Siedlungsgeographie und der Raumwirtschaftslehre werden nicht ausreichend genutzt. Es besteht kein einheitliches System zur Messung wirtschaftlicher, sozialer und ökologischer Auswirkungen der Raumentwicklung; für einige Auswirkungen gibt es keine in der Praxis anwendbaren Meßmethoden. Dies beschränkt die Möglichkeiten der Konzeptions- und Gutachtenarbeit und erweitert den Spielraum für subjektive Aussagen und Entscheidungen.

Ein oft auftretender Mangel ist die Vernachlässigung wichtiger Wechselbeziehungen. In den Siedlungsleitplänen und Bebauungsplänen zeigt sich häufig auch eine isolierte Behandlung der einzelnen Funktionen und ihre unzureichende Veknüpfung ab.

Die Erarbeitung von Entwicklungskonzeptionen für Städte und Stadtregionen muß auf der gründlichen Erforschung ihrer Bestandteile, Funktionen, Disproportionen, Konflikte und der Anforderungen an die künftige Entwicklung (Problemkarte) aufbauen. Aufgrund dieser Kenntnisse sind die potentiellen Entwicklungsrichtungen von Siedlungen im Hinblick auf die Wechselbeziehungen zwischen den einzelnen Funktionen und auf den allmählichen Ausgleich zwischen den ökonomischen, sozialen und ökologischen Bedingungen der Räume auszurichten.

Die weitere Entwicklung ist als ein Prozeß aufzufassen, der am Anfang am bestehenden Zustand und an den bisherigen Entwicklungstrends kontinuierlich anknüpft und dann in räumlich und zeitlich abgestimmten Etappen fortschreitet, wobei - insbesondere bei Großstädten und Stadtregionen - ihre Grenzen sich mit der Zeit immer mehr öffnen. Die "flexiblen Strategien" der langfristigen Entwicklung der Städte und Räume, die immer mehr den "Zielkonzeptionen" vorgezogen werden, sind jedoch nicht in den erforderlichen Details durchgearbeitet. Es wird allgemein empfohlen, die räumliche und zeitliche Abstimmung der einzelnen Funktionen des Raumes (Aufeinanderfolge der Beziehungen) anzustreben und zu diesem Zweck die potentielle Entwicklungsdynamik unter verschiedenen Bedingungen und Voraussetzungen gründlich zu untersuchen (Ressourcen, Arbeitskräfte, Innovationen, Nationalaufkommen, Investitionsmittel).

Eine exaktere und flexiblere Steuerung der Entwicklung von Städten und Stadtregionen erfordert vor allem die Verbesserung der Erfassung und Verarbeitung von Informationen und Daten und die periodische Analyse der erfolgten Veränderungen. Auf diese Weise könnten flexiblere Konzeptionen entstehen, die partielle Veränderungen der einzelnen Entwicklungsfaktoren, bei gleichzeitiger Einhaltung der Gesamtziele, zulassen würden.

4.3.3 Realisierung der genehmigten Raumplanungsdokumente

Die Hindernisse, die die Realisierung der genehmigten räumlichen und städtebaulichen Pläne erschweren, ergeben sich zum einen aus der Natur der Steuerung der räumlichen Entwicklung, zum anderen aus den äußeren Wirkungsfaktoren, die die Steuerung beeinflussen. Die Hauptursache liegt jedoch in der Unterschätzung der räumlichen Aspekte der ökonomischen und sozialen Entwicklung, insbesondere was den Umgang mit Raum und Ressourcen betrifft, dem in der Vergangenheit zu wenig Aufmerksamkeit geschenkt wurde. Das heutige System der Steuerung der Entwicklung wird auch durch die Trennung der nach Wirtschaftszweigen gegliederten volkswirtschaftlichen Planung und Territorialplanung (die der Tschechischen bzw. Slowakischen Plankommission unterliegen) von der Raumplanung (die der Tschechischen bzw. Slowakischen Kommission für wissenschaftlich-technische Entwicklung und Investitionen unterliegt) beeinträchtigt. Beide Planungssysteme sind bisher nicht ausreichend miteinander verknüpft worden und es ist in erster Linie die Raumplanung, die für die Entwicklung der materiellen Fonds und für die mit negativen Umwelteinflüssen verbundenen räumlichen Veränderungen verantwortlich gemacht wird.

Die Mängel in der Vorbereitung, Aufstellung und Genehmigung der Raumplanungsdokumente, sowohl die direkt sichtbaren als auch die latenten, kommen am deutlichsten im Realisierungsstadium zum Vorschein (z. B. die Über- bzw. Unterschätzung des Entwicklungstempos, zu optimistische Zielvorstellungen usw.) Die auftretenden Mängel bei den genehmigten Siedlungsleitplänen können in allen Phasen der Aufstellung der Planungsdokumente ihre Ursache haben. Sie liegen meistens in den entweder fehlenden oder nur sehr allgemein formulierten langfristigen Perspektiven der wirtschaftlichen Entwicklung. Die Nichteinhaltung des genehmigten Siedlungsleitplanes ist dann eine Folge der tatsächlichen Wirtschaftsentwicklung, die von der in den Planungsunterlagen vorausgesetzten Entwicklung abweicht.

Auch die Beratung und Genehmigung der Raumplanungsdokumente trägt vielfach nur einen formalen Charakter. Die Beteiligten des Beratungs- und Genehmigungsverfahrens, insbesondere die Vertreter starker Industrie- bzw. Landwirtschaftsorganisationen, schenken den räumlichen Aspekten der zu lösenden Probleme nicht die nötige Aufmerksamkeit. Bei der Beratung und Genehmigung der Planungsdokumente führt manchmal der Auftraggeber, d.h. der Nationalausschuß, die ihm zustehende Kontrolle nicht gründlich genug durch. Auch fehlt es bei den mitwirkenden Organen vielfach an Interesse.

Die Planungspraxis kritisiert die gesetzliche Regelung bezüglich der Raumplanung vor allem deshalb, weil sie die Pflichten des Auftraggebers und des Verfassers der Planungsdokumente ausführlich definiert, während die Pflichten anderer interessierter Organisationen gegenüber der Raumplanung weniger klar formuliert sind. Dies betrifft vor allem die Organe und Institutionen, die nicht den Nationalausschüssen, sondern verschiedenen Ministerien unterstehen.

Auch die Novellierung verschiedener Verordnungen, Vorschriften, Hinweise und Empfehlungen führt oft zur Nichteinhaltung der genehmigten Planungsdokumente, weil sie oft eine Veränderung der Ausgangsvoraussetzungen mit sich bringen, auf die sich der bestätigte Plan stützte (z. B. Vorschriften über den verschärften Schutz der landwirtschaftlichen Nutzfläche, über den Gebäudeabriß, über die Erhöhung der Bebauungsdichte usw.).

Die Durchsetzung subjektiver Interessen resultiert vor allem aus der unzureichenden Kenntnis der genehmigten Planungsdokumente seitens der Bauträger. Zu erwähnen ist auch die unzureichende gesetzliche Verankerung der Pflicht, die Verwirklichung der Pläne systematisch zu verfolgen und die Nichteinhaltung der genehmigten Grundsätze zu bestrafen. Mangelhaft ist z. T. die inhaltliche und zeitliche Koordination der räumlichen und der wirtschaftlichen Planung, da die Planung der Ministerien und Betriebe sich in anderen zeitlichen und folglich auch kapazitätsmäßigen Relationen als die Raumplanung entwickelt. Daher ist die Koordination der Investitionsvorhaben mit den genehmigten Raumplanungsdokumenten nicht völlig gewährleistet.

Am kompliziertesten ist die Steuerung der räumlichen Entwicklung in größeren Raumeinheiten, insbesondere in den Stadtregionen. Die administrativen Grenzen, die in manchen Fällen die Stadtregionen aufteilen, behindern eine rationale Standortverteilung von Investitionen, wenn die Verwaltungsorgane der administrativen Bereiche nicht im Stande sind, zu einer gemeinsamen Konzeption der räumlichen Entwicklung zu gelangen. Schwierigkeiten bringt auch die Tatsache mit sich, daß die Zielvorgaben der volkswirtschaftlichen Planung von den Nationalausschüssen nicht für Regionen, sondern für Verwaltungsbereiche der Bezirke, Kreise und Gemeinden aufgestellt werden; dabei sind die Aufgaben für die zentral geleitete Wirtschaft gewöhnlich nach Produktionszweigen gegliedert.

Die Steuerung der wirtschaftlichen Entwicklung und die Leitung der Verwaltung in den Regionen sind nicht einheitlich und hängen von der räumlichen Struktur der Regionen ab. In monozentrischen Regionen üben die Kernstädte die Funktion der Bezirksstadt oder der Kreisstadt aus: Die Kernstädte der Stadtregionen von Prag und Bratislava sind bezirksfreie Städte. In bizentrischen und polyzentrischen Stadtregionen sind die Kernstädte meistens Kreisstädte, wobei eine der Kernstädte die Funktion der Bezirksstadt ausübt. In vier Fällen erstreckt sich die Stadtregion auf das Gebiet zweier Bezirke.

Die wenigsten Probleme gibt es in monozentrischen Stadtregionen, wo sie auf der Ebene der Kreis- oder Bezirksnationalausschüsse gelöst werden können. Am kompliziertesten ist die Situation in den Hauptstädten, deren Stadtregionen sich in andere Bezirke hinein ausdehnen und in Stadtregionen, deren Kernstädte dieselbe Verwaltungsbedeutung haben oder in der Siedlungsstruktur dieselbe Stellung einnehmen.

Heute und in Zukunft werden die Stadtregionen Räume mit dynamischer Siedlungsentwicklung darstellen. Deswegen ist es dringend erforderlich, ihre Entwicklung als Raumeinheiten zu steuern und so eventuelle Fehlentscheidungen zu vermeiden, die sich aus der gegenwärtigen Verwaltungsgliederung des Raumes ergeben. Bei der Neuformulierung der Steuerungserfordernisse können auch ausländische Erfahrungen zur Geltung gebracht werden, insbesondere aus Ländern, wo die Entwicklung der gesamten Stadtregion aufgrund freiwilliger Vereinbarungen zwischen den Verwaltungsorganen der Gemeinden und Siedlungen gesteuert wird, oder wo die Grenzen der Stadtregionen mit den Grenzen der Verwaltungseinheiten übereinstimmen.

4.4 Zukünftige Aufgaben der Raumforschung

Die sich ändernden wirtschaftlichen, sozialen, demographischen und ökologischen Bedingungen und Voraussetzungen der Entwicklung der Städte und der ländlichen Siedlungen sowie die tiefgreifenden Veränderungen der verschiedensten Faktoren, die auf die Raumplanung einwirken, führen seit der zweiten Hälfte der siebziger Jahre zur Suche nach neuen Planlösungen. Man befindet sich heute immer häufiger im Stadium des Erreichens der "Entwicklungsgrenze", des "Wendepunktes" in der allgemeinen Entwicklung. Diese Begriffe gelten auch für die heutige Siedlungsstruktur und finden zwangsläufig in der Ausrichtung ihrer Weiterentwicklung einen Niederschlag.

Alles spricht dafür, daß es nun zum dritten Mal in den letzten 100 Jahren zu einer qualitativen Veränderung der Konzeptionen für die Stadtentwicklung kommen wird. Die zweite Hälfte des 19. Jahrhunderts brachte den Abriß der historischen Stadtmauern und das Entstehen mehr oder weniger unplanmäßig angelegter, jedoch oft sehr ausgedehnter Peripherien; die Zeit nach dem 2. Weltkrieg brachte die Trennung der Funktionen und die Ausdehnung planmäßig angelegter Wohnsiedlungen oder anderer Funktionszonen an den Stadträndern. Mit der Kollektivierung der Landwirtschaft, der Verstädterung und Differenzierung von Funktionen nahmen die ländlichen Siedlungen eine neue Gestalt an. Es ist zu erwarten, daß das allgemeine Ziel der künftigen Raumforschung die Festlegung der Hauptrichtungen der Entwicklung der Siedlungsstruktur und der Siedlungseinheiten entsprechend den Voraussetzungen des Aufbaues der entwickelten sozialistischen Gesellschaft sein wird.

Bei näherer Betrachtung der Gesamtproblematik der Raumplanung lassen sich folgende bisher wenig erforschte Probleme erkennen:

- Der Einfluß der wirtschaftlichen, gesellschaftlichen und demographischen Faktoren auf die Entwicklung der Siedlungsstruktur, auf die Urbanisierungsprozesse und die Siedlungssysteme sowie ihre Auswirkungen auf die Gestaltung der funktionalen und räumlichen Struktur der Siedlungen;

- Die Gestaltung der Funktionszonen von Siedlungen und die Untersuchung des Ausmaßes und der Art der Verflechtung von Funktionen, insbesondere in Wohngebieten;
- Die Umgestaltung, Erneuerung und Modernisierung der Stadtzentren als wichtigste multifunktionale Teilgebiete der Städte und - insbesondere in Großstädten - der Ausbau eines hierarchischen Systems von Nebenzentren;
- Die Umgestaltung und Modernisierung der einzelnen Funktionen der Siedlungen (Wohnen, gesellschaftliche Einrichtungen, Grünanlagen und Erholung, Industrie, Verkehr, technische Infrastruktur);
- Wirksame Maßnahme zur Verbesserung der Umweltqualität in den Siedlungen;
- Die Verbesserung der funktionalen und räumlichen Gestaltung der Landschaft unter Berücksichtigung ökologischer Kriterien.

Was die Städte als Ganzes betrifft bzw. ihre Stadtregionen oder Einzugsbereiche, so wurde in den letzten 15 Jahren in der theoretischen Forschung die größte Aufmerksamkeit den großen Wirtschafts- und Siedlungsballungen - den Stadtregionen höherer Stufe gewidmet. Seit Anfang der siebziger Jahre wurde die Forschung sehr stark praxisorientiert. In dieser Zeit begannen die Arbeiten an dem "Projekt der Urbanisierung der SSR" und an den "Hauptrichtungen der zukünftigen Urbanisierung der CSR". Beide Arbeiten wurden im Jahre 1976 abgeschlossen; in den folgenden Jahren wurden die Begriffe und die Kriterien für die Wahl und Abgrenzung der Stadtregionen höherer und niedrigerer Stufe vereinheitlicht. Auf dieser Grundlage erfolgte dann im Jahre 1983 die Auswahl und Abgrenzung der Stadtregionen.

Im Zeitraum 1981-1985 wurde zwar die Forschung auf die allgemeinen und methodischen Probleme der Entwicklung und Umgestaltung der Städte als Ganzes ausgerichtet, wobei jedoch den Kernstädten der Stadtregionen höherer Stufe besondere Aufmerksamkeit gewidmet wurde.

Es wird als notwendig erachtet, die künftigen Forschungsarbeiten mehr auf die übrigen zentralen Siedlungen und ihre Einzugsgebiete auszurichten, seien es die kleineren Kernstädte der Stadtregionen niedrigerer Stufe bzw. ihre zugeordneten Nebenzentren oder die außerhalb der Stadtregionen liegenden Siedlungszentren. Die Entwicklung der Mittel-

und Kleinstädte wurde bisher nicht ausreichend untersucht, obwohl besonders die Städte mit 10.000 bis 50.000 Einwohnern die relativ höchste natürliche Bevölkerungsentwicklung verzeichneten und auch in der Zukunft eine günstige Bevölkerungsentwicklung erwarten können.

Die bevorstehende langfristige komplexe Umgestaltung der Siedlungen erfordert eine gründliche und ausgereifte theoretische Grundlage für die künftige Siedlungsgestaltung. Die Vorstellungen der Raum- und Stadtplaner über die zukünftigen Siedlungsformen müssen sich jedoch auf seriöse soziologische, ökonomische, ökologische und andere Fachunterlagen stützen.

In der Methodik der Raumplanung sind neue Vorgehensweisen zu entwickeln, experimentell zu erproben und für die praktische Anwendung vorzubereiten, insbesondere zur:

- Ermittlung und Berücksichtigung der ökonomischen, sozialen, ökologischen und kulturellen Faktoren, die die Raumplanung beeinflussen
- Aufstellung von Planungsunterlagen, Entwicklungsprognosen und Entwicklungskonzeptionen
- Bewertung der Städtebauökonomie und der Flächennutzung, differenziert nach unterschiedlichen städtebaulichen Bedingungen sowie Methoden zur Aufstellung städtebaulicher Kostenvoranschläge, möglichst für alle Stufen und Kategorien der Raumplanungsdokumente.
- exakten Messung und komplexen Bewertung von Planungsvarianten und zur Messung der in den Siedlungssystemen durch Kooperation und Substitution von Funktionen erreichten Effekte
- Aufstellung der Raumplanungsdokumente.

Obwohl die Bedingungen für eine kreative Forschungsarbeit im allgemeinen günstig sind, gibt es in der Forschung mehrere Probleme, die künftig zu lösen sein werden. Es ist z. B. schwierig, städtebauliche Experimente im Maßstab größerer Städte, Wohnsiedlungen oder Industriegebiete durchzuführen, wo es möglich sein würde, nicht nur verschiedene Bebauungsweisen, Konzentration oder Dezentralisierung von gesellschaftlichen Einrichtungen usw. zu erproben, sondern auch das Wohnen und seine Beziehungen zu den anderen Funktionen unter bestimmten Bedingungen langfristig zu untersuchen. Auf Schwierigkeiten stößt auch die Koordination bei der Lösung großer kollektiver Forschungsaufträge und hierbei insbesondere die zeitliche und inhaltliche Abstimmung der Kooperation verschiedener Institute. Auch ein intensiverer Informationsaustausch mit ausländischen Instituten würde zweifelsohne zur Beschleunigung und Befruchtung mancher Forschungsaufgaben beitragen.

5. LITERATUR

A) MONOGRAPHIEN, ARTIKEL, ETC.

Anderle, A., Pojer, M., 1983 a
　　Dojížďka do zaměstnání do větších měst
　　(Berufspendlerwanderungen in größere Städte)
　　Územní plánování a urbanismus, Nr. 6, 1983

Anderle, A., Srb, V., 1983 b
　　K územním hlediskům rozmístění obyvatelstva a pracovních sil
　　(Zur räumlichen Verteilung der Bevölkerung und der Arbeitskräfte)
　　Územni plánování a urbanismus, Nr. 5, 1983

Autorenkollektiv, 1983
　　Methodische Hinweise für Raumplanungsdokumentation und raumplanerische Unterlagen
　　(Metodické pokyny pro územněplánovací dokumentaci a územněplánovací podklady)
　　Prag, FMTIR, 1983

Halouzka, P., 1983
　　K otázce ekonomické efektivnosti rozvoje sídel
　　(Zur Frage der ökonomischen Effektivität der Stadtentwicklung)
　　Prag, VÚVA, Maschinenschrift, 1983

Häufler, V., Korčák, V., Král, V., 1960
　　Zeměpis Československa
　　(Geografie der Tschechoslowakei)
　　Prag, 1960

Hladký, M., 1983
　　Perspektivy dlhodobého rozvoja osídlenia ČSSR
　　(Langfristige Entwicklungsperspektiven der Siedlungsstruktur der ČSSR)
　　Urbanita, 1983, Nr. 41 - 42

Hruška, E., Krásný, J., 1975
　　Třicet let urbanismus v ČSSR, jeho teoretický vývoj a praktická realizace
　　(Dreißig Jahre Städtebau in der CSSR, seine theoretische Entwicklung und praktische Realisierung)
　　Architektura ČSR, Nr. 4, 1975

Husák, G., 1981
　　Bericht über die Tätigkeit der Partei und die Entwicklung der Gesellschaft seit dem XV. Parteitag der KPČ und weitere Aufgaben der Partei.
　　Sammlung der Hauptdokumente des XVI. Parteitages der KPČ.
　　Prag, Svoboda Verlag, 1981

Klacková, J., 1981
　　Podklady pro investiční politiku z hlediska ekonomie vytváření životního prostředí
　　(Unterlagen für die Investitionspolitik im Hinblick auf die Ökonomie der Gestaltung der gebauten Umwelt)
　　Prag, VÚVA, Výstavba a architektura, 1981, Nr. 1

Lérová, I., 1981
    Bydlení a ekonomika
    (Das Wohnen und die Ökonomie)
    Prag 1981

Matoušek, V., 1979
    Sídelní koncentrace ČSSR - jejich dosavadní plánování, současný stav a některé náměty na jejich další řešení
    (Stadtregionen der ČSSR, bisherige Planung, gegenwärtiger Zustand und einige Lösungsansätze)
    Architektura a urbanizmus, Nr. 1, 1979

Matoušek, V., et al., 1984 a
    Dosavadní vývoj a tendence rozvoje sídel v ČSSR
    (Entwicklungsstand und Entwicklungstendenzen der Siedlungen der ČSR)
    Brno, VÚVA, 1984

Matoušek, V., 1984 b
    Problematika územní prognózy
    (Probleme der Prognose der Raumentwicklung)
    Prag, Terplan 1984

Matoušek, V., 1986
    35 let vyzkumu v urbanismu a uzemnim planovani
    (35 Jahre Städtebau- und Raumforschung in der ČSSR)
    Územní plánování a urbanismus, 1986, č. 6.

Matoušek, V., ohne Jahr
    (Bewertung der Methoden der Raumplanung und der Steuerung der Entwicklung von Siedlungen, insbesondere in Stadtregionen höherer Stufe)
    Hodnocení metod územního plánovaní a řízené rozvoje sídel, zejména sídelních regionálních aglomerací
    Výstavba a architektura

Musil, J., et al., 1981
    Rámcová prognóza vývoje osídlení, měst a aglomerací
    (Rahmenprognose der Entwicklung der Siedlungsstruktur, der Städte und der Stadtregionen)
    Prag, VÚVA, vervielfältigte Maschinenschrift, 1981

Nový, O., Lakomý, Z., Slepička, A., 1982
    Vývojove tendence uspořádání sídelní sítě a krajiny v ČSSR
    (Entwicklungstendenzen in der Gestaltung des Siedlungsnetzes und der Landschaft der ČSSR)
    Prag, ÚFS ČSAV, vervielfältigte Maschinenschrift, 1982

Ökonomisches Institut der ČSAV, 1982
    Prognóza základních tendencí reprodukčního procesu čs. ekonomiky do r. 2000 (etapa 1981)
    (Prognose der Haupttendenzen des Reproduktionsprozesses der tschechoslowakischen Ökonomie bis zum Jahre 2000 (Etappe 1981)

Pavlíček, J., et al., 1975
    Koncepce hlavních směrů urbanizace ČSR
    (Konzeption der Hauptrichtungen der Urbanisierung der ČSR)
    Prag, Terplan 1975

Richta, R., 1980
    Referat für das Zusammentreffen der
    Wissenschaftler europäischer Länder
    Hamburg, Februar 1980

Slepička, A., 1981
    Venkov nebo město
    (Land oder Stadt)
    Prag, Svoboda-Verlag 1981

Slepička, A., 1985
    Venkovský prostor, současnost a perspektivy
    (Ländlicher Raum - Gegenwart und Perspektiven)
    Architektura CSR, 1985, Nr. 5

Viklický, A., 1984
    Problematika venkova
    (Problematik des ländlichen Raumes)
    Brno, VÚVA, 1984

Voženilek, J., 1975
    Základní poznatky z dějin stavby měst
    (Grundlehren aus der Städtebaugeschichte)
    Prag, VÚVA, 1975

B) GESETZE, BESCHLÜSSE, VERORDNUNGEN, ETC.

Gesetze

Gesetz Nr. 280 vom 19. Dezember 1949 über Raumplanung und Aufbau von Gemeinden, 1949 Sb. Teil 88

Gesetz Nr. 84 vom 12. Dezember 1958 über Raum- und Stadtplanung, 1958 Sb. Teil 15

Gesetz Nr. 22 vom 17. April 1958 über Kulturdenkmale, 1958 Sb. Teil 8

Gesetz Nr. 50 vom 27. April 1976 über Raumplanung und Bauordnung (Baugesetz), 1976 Sb. Teil 9

Gesetz Nr. 145 vom 20.12.1970 über Volkswirtschaftsplanung, 1970 Sb. Teil 44

Regierungsbeschlüsse

Usnesení vlády ČSR ze dne 24.11.1971 č. 283 k návrhům dlouhodobého vývoje osídlení ČSR
(ČSR-Regierungsbeschluß vom 24.11.1971 Nr. 283 zu Vorschlägen der langfristigen Entwicklung der Siedlungsstruktur der ČSR)

Usnesení vlády ČSR ze dne 7.1.1976, č. 4 k návrhu urbanizace a dlouhodobého vývoje osídlení ČSR
(CSR-Regierungsbeschluß Nr. 4 vom 7.1.1976 zum Vorschlag der Urbanisierung und der langfristigen Entwicklung der Siedlungsstruktur der CSR)

Usnesení vlády ČSR ze dne 2.února 1983 č. 26 o koncepci urbanizace krajů a vývoji osídlení v ČSR
(ČSR-Regierungsbeschluß vom 2.2.1983 Nr. 26 zur Konzeption der Urbanisierung der Bezirke und Entwicklung der Siedlungsstruktur der ČSR)

Uznesenie vlády SSR Nr. 95/1971 k návrhu zásad hlavných smerov urbanizácie Slovenska
(SSR-Regierungsbeschluß Nr. 95/1971 zu den Grundsätzen der Konzeption der Haupturbanisierungsrichtungen der Slowakei)

Uznesenie vlády SSR z 5.1.1972 č. 1 k návrhu dlhodobého vývoja osídlenia v SSR
(SSR-Regierungsbeschluß zum Vorschlag der langfristigen Entwicklung der Siedlungsstruktur der SSR)

Uznesenie vlády SSR vom 15.9.1976 Nr. 284 k projektu urbanizácie SSR
(SSR-Regierungsbeschluß zum Projekt der Urbanisierung der SSR)

Vládní usnesení č. 100 ze dne 10.4.1967 o postupu zpracování dlouhodobé koncepce vývoje osídlení
(Regierungsbeschluß Nr. 100 vom 10.4.1967 zur Erarbeitung der langfristigen Konzeption der Entwicklung der Siedlungsstruktur)

Regierungsverordnungen

ČSR-Regierungsverordnung Nr. 36 vom 23. März 1977 über Territorialplanung in der ČSR, 1977 Sb. Teil 12

SSR-Regierungsverordnung vom 25. Mai 1977 Nr. 37 über Territorialplanung in der SSR, 1977 Sb. Teil 12

Anordnungen

Anordnung Nr. 181 vom 9. September 1959 des Ministeriums für Schulwesen der ČSR, 1959, Ú.1., Teil 72

Anordnung des Föderalministeriums für technische Entwicklung und Investitionen Nr. 84 vom 14. Juli 1986 über raumplanerische Unterlagen und Raumplanungsdokumentation, 1976 Sb., Teil 17

Grundsätze

Grundsätze und Regeln der Raum- und Stadtplanung
(Zásady a pravidla územního plánování)
VÚVA Brno, URBION Bratislava, 1981 - 1984

C) PLÄNE, PROGRAMME, ETC.

1) Cesty ke zvýšení efektivnosti občanského vybavení
   (Wege zur Steigerung der Effektivität gesellschaftlicher Einrichtungen)
   Referatensammlung, Seminar in Jesenik, 1983

2) Koncept územního plánu hlavního města Prahy
   (Konzept des Generalbebauungsplanes für Prag)
   Prag, 1984

3) Rychlé výsledky sčítání lidu, domů a bytů
   (Schnelle Ergebnisse der Volks-, Gebäude- und Wohnungszählung)
   Prag, 1981

4) Statistické ročenky ČSSR 1981, 1983
   (Statistische Jahrbücher der ČSSR, 1981, 1983)

5) Statistický lexikon obcí
   (Statistisches Gemeindenlexikon)
   Prag, FSU, 1977

6) Východiska a podmínky rozvoje urbanizace v ČSR
   (Ausgangspunkte und Bedingungen der Urbanisierung in der ČSR)
   Prag, Terplan, 1983

7) Východiská a podmienky rozvoja urbanizácie v SSR
   (Ausgangspunkte und Bedingungen der Urbanisierung in der SSR)
   Bratislava, Urbion, 1983

8) Zásady a pravidla územního plánování
   (Grundsätze und Regeln der Raum- und Stadtplanung)
   Brno, VÚVA: Bratislava, Urbion, 1981 - 1984.

BEITRÄGE
DER AKADEMIE FÜR RAUMFORSCHUNG UND LANDESPLANUNG

Band 86

RAUMORDNUNG UND REGIONALPLANUNG IN EUROPÄISCHEN LÄNDERN
3. TEIL: SÜDOSTEUROPÄISCHE LÄNDER

Aus dem Inhalt

Fedor Wenzler	Raumplanung in Jugoslawien
Nicos Komninidis	Raumordnung und Regionalplanung in Griechenland
Ljubomir Dinev / Nicolaj Grigorov / Milo Kičovič	Wirtschafts- und Raumplanung in der Volksrepublik Bulgarien
Feral Eke	Regionalplanung in der Türkei

Der Band umfaßt 181 Seiten; Format DIN A4; 1985; Preis 27,- DM
ISBN 3-88838-866-X

Band 97

Willy A. Schmid / René Ch. Schilter / Heinz Trachsler

UMWELTSCHUTZ UND RAUMPLANUNG IN DER SCHWEIZ

Aus dem Inhalt

1. Umweltbelastung und -bedrohung in der Schweiz
2. Umweltschutz in der Schweiz
3. Raumplanung und Umweltschutz
4. Schlußbemerkungen

Der Band umfaßt 83 Seiten; Format DIN A4; 1987; Preis 15,- DM
ISBN 3-88838-856-2

Auslieferung

VSB-VERLAGSSERVICE BRAUNSCHWEIG

896628